기적의 눈 건강법

기적의 눈 건강법

초판 1쇄 인쇄 2017년 8월 24일
초판 1쇄 발행 2017년 8월 30일

지은이 김영삼
펴낸이 백유미

Publishing Dept.
CP 조영석 I **Director** 김윤정 I **Chief editor** 박혜연 I **Editor** 이선일
Marketing 이원모 방승환 조아란 I **Design** 문예진 엄재선

Education Dept.
박은정 김주영 이정미 이하영

Management Dept.
임미현 윤민정

펴낸곳 라온북
주소 서울시 서초구 효령로 34길 4, 프린스효령빌딩 5F

등록 2009년 12월 1일 제 385-2009-000044호
전화 070-7600-8230 I **팩스** 070-4754-2473
이메일 raonbook@raonbook.co.kr I **홈페이지** www.raonbook.co.kr

값 14,500원
ISBN 979-11-5532-301-4(03320)

이 도서의 국립중앙도서관 출판시도서목록(CIP)은 서지정보유통지원시스템 홈페이지(http://seoji.
nl.go.kr)와 국가자료공동목록시스템(http://www.nl.go.kr/kolisnet)에서 이용하실 수 있습니다.
(CIP제어번호 : CIP2017018144)

라온북은 독자 여러분의 다양한 아이디어와 원고 투고를 설레는 마음으로 기다리고 있습니다.
머뭇거리지 말고 두드리세요. (raonbook@raonbook.co.kr)

유치원생부터 할아버지까지 우리가족 평생 눈 건강 지켜주는

기적의 eye 눈 건강법

| 김영삼 지음 |

RAON
BOOK

마음의 건강이 곧 눈의 건강이다

제대로 볼 수 없다는 것은 상상하는 것보다 훨씬 괴로운 일이다. 다리가 부러지고, 손가락을 칼로 베이는 것도 참 아픈 일이지만 이것은 그런 것과 비교할 수 없이 괴롭다.

단순 통증만을 가지고 비교한다면 다소 떨어지겠지만 제대로 보지 못하는 상황 속에서의 심적 고통은 단연 그것들보다 심하다. 게다가 안질환은 다른 이들이 보기에 잘 티도 나지 않는다. 결과적으로 꾀병이나 엄살쯤으로 치부당하는 경우가 많아 많은 환자들이 이중고를 겪는다.

마지막 지푸라기라도 잡는 심정으로 나에게 찾아온 환자들에게 내가 의학적인 치료 외에 강조하는 것이 있다. 바로 영적 통증을 없애라는 것이다. 여기서 영적 통증이라 함은 정신과 심(心), 즉 마음의 통증을 의미한다.

　　"욕심에 눈이 멀다"라는 말이 있듯이 다른 이들보다 앞서겠다는 마음과 생각은 우리의 마음과 정신을 아프게 하고 실제로 눈을 멀게 만든다. 간단하게 생각해보자.

　　늘 긴장하고 무엇이든 다른 이들보다 많이, 더 하려고 하다보면 당연히 눈을 뜨고 있는 시간이 많을 수밖에 없다. 이는 눈의 피로로 이어지고 눈의 피로는 안구건조증으로 이어진다. 이 외에도 한의학적으로 긴장을 자주 하고 스트레스가 잦으면 간이 울체되고 시간이 지나 누적되면 열이 차오르게 된다.

간은 눈과 연결되어 있어 이렇게 간에 열이 차오르면 시력이 떨어지고 안질환이 유발된다는 것이 한의학의 기본 관점이다. 또 일반인들이 잘 모르고 있지만 기쁨, 분노, 근심, 생각, 슬픔, 공포, 놀람 등의 감정이 부정적으로 흐르게 되면 자신의 오장육부를 상하게 한다는 것이다.

이렇듯 모든 부정적 감정과 이기적 감정은 자신의 몸을 상하게 하지만, 어떤 경우에도 절대 긍정의 감정은 자신의 몸을 건강하게 만들어준다는 것이다.

부정적 감정하에서 이런 영적 통증은 의사가 치료하는 것에 한계가 있다. 영적 치료는 스스로 해야 한다. 그래서 나는 환자들에게 늘 마음을 편히 가지고 긍정적으로 생각할 것을 권한다. 그리고 이제 이 책을 읽는 독자들에게도 같은 말을 하고 있다.

예부터 몸이 1000냥이면 눈이 900냥이라고 했다. 많은 사람들이 이 책을 읽고 편안하고 긍정적인 마음을 바탕으로 상쾌하고 명쾌한 시야를 갖게 되기를 바란다.

저자 김영삼

차례

머리말

1장
지금 당신의 눈이 위험하다

눈을 대신할 수 있는 것은 없다   17
문명의 발달로 늘어나는 시력 감퇴 인구   23
스마트폰이 우리 눈을 공격한다   29
눈의 위기신호, 안구건조증   34
스트레스, 자극에 대한 반응치를 낮춰라   39
혹사당하는 현대인의 눈   44
충혈된 눈은 안질환의 신호   49

2장
눈의 구조와 질환

눈을 구성하는 구조와 기능   55
눈에서 발생할 수 있는 문제들   71
시각 기능의 이상   73
노안이란 무엇인가   80
눈의 손상과 외상으로 인한 상처   83
눈꺼풀에서 발생하는 질환들   87
시야를 위협하는 심각한 안질환들   95

3장
한의학적 안질환 치료법

정신 건강이 곧 육체의 건강   109

눈 건강을 위해 알아두어야 할 경혈과 경락   116

눈앞이 뿌옇고 잘 안 보여요   129

가만히 있어도 눈물이 줄줄 흘러요   133

눈 전체가 가려워요   136

눈 안쪽이 가려워요   139

물건이 둘로 보여요   142

눈곱이 너무 많이 생겨요   145

바람을 맞으면 눈물이 나요   148

눈이 심하게 충혈 돼요   151

눈이 시고 따가워요   153

눈알이 빠질 것 같아요   155

눈에 아지랑이가 보여요   157

눈을 뜨고 있는 것이 불편해요   159

4장
가장 많은 안질환, 안구 건조

안구건조증이란 165
안구건조증은 치료해야 하는 질병 171
안구건조증의 1차 방패, 눈물과 눈꺼풀 176
안구건조증과 밀접한 관련이 있는 눈물샘 180
안구건조증의 여러 가지 원인 193
안구건조증의 주요 증상 198
안구건조증의 진행 단계 207
안구건조증의 한의학적 치료와 사례 211

5장
눈 건강을 되찾으면 인생이 바뀐다

눈이 좋아지면 뇌도 좋아진다 223
눈 건강은 곧 몸이 건강하다는 것 227
육안의 건강은 곧 영안의 건강 230
명상으로 눈을 건강하게 할 수 있다 234
바른 생활로 건강한 눈을 만들 수 있다 242
우리 눈을 건강하게 만드는 방법 246

6장
3분 만에 좋아지는 시력 회복 트레이닝

눈 트레이닝으로 시력이 좋아질 수 있다   257

혈자리 자극과 시력을 위한 트레이닝   265

    혈자리 자극 트레이닝1_가볍게 쓸어주기   267

    혈자리 자극 트레이닝2_가볍게 치기   268

    혈자리 자극 트레이닝3_가볍게 흔들 듯 밀고 당기기   269

    혈자리 자극 트레이닝4_가볍게 눌러 지압하기   269

    혈자리 자극 트레이닝5_팔꿈치 아래, 무릎 아래 타격하기   270

    눈 근육 트레이닝1_눈 원근 트레이닝   272

    눈 근육 트레이닝2_눈 방향 트레이닝   274

    눈 명암 트레이닝_명암 트레이닝   275

참고문헌   276

1장

지금 당신의 눈이 위험하다

마음의 건강이 곧 눈의 건강이다.

정신의 아들아!
나의 첫째 가르침이니 들어라. 순결하고 친절하며 빛나는 마음을 지니어라.
그래야 영속하고 불멸하는 옛 주권이 네 것이 될 수 있느니라.

눈을 대신할 수 있는 것은 없다

옛말에 "몸이 천 냥이면, 눈은 구백 냥"이란 말이 있다. 몸의 건강이 100이라면 그중에서 눈이 차지하는 건강 비율이 90이 된다는 뜻이다. 이는 우리 몸에 있어서 눈이 얼마나 중요한가를 비유적으로 표현하는 말이다.

아침에 일어나서 밤에 잠들기까지 우리는 이렇게 소중한 우리의 눈을 남녀노소를 막론하고 대단하게 사용하고 있다. 일어나자마자 스마트폰을 집어 들고 밤새 무슨 연락이 온 것은 없나, 확인하는 것에서부터, 연세 지긋하신 분은 밖에 나가 오늘 새벽에 온 신문을 집어 들고 하루를 시작한다. 출근길 지하철 안에서, 사무실에서, 길거리를 가면서도, 모든 일을 끝내고 집에 돌아와서도 우리는 눈을 끊임없이 사용한다. 말 그대로 "눈 뜨고 일어나서 눈 감을 때까지" 사용하는 것이 눈이니 이렇게 과다 사용하는 눈에 문제가 생기지 않는다면 그것이 더 이상한 일은 아닐까?

눈만큼 중요한 것은 없다고 생각하는 우리가 왜 눈을 함부로 다루고 혹사시키는 걸까? 아마도 대부분의 사람들이 자기 눈은 언제나 건강하고 자기에게 어떤 해코지도 하지 않을 것이라 믿고 있기 때문일 것이다.

살다 보면 누구나 한 번은 눈이 아프거나 심각할 정도로 눈이 불편한 느낌을 경험해 보았을 것이다. 이때 왜 아픈지 이유도 알 수 없는 갑작스런 통증이 있을 수도 있고, 지난밤 친구들과 오랜만에 만나 거의 날을 새우다시피 고스톱이나 포커를 친 후 경험하는 일회성 피로감일 수도 있다. 이런 경우 눈을 뜨고 있기가 힘들어 자꾸 눈을 감곤 한다. 그래야 약간은 견딜 수 있기 때문이다. 너무 심각한 통증일 경우, 가까운 안과를 찾아가서 이런저런 검사를 해본다. 그럼 "안구에 특별한 이상은 없고, 눈이 약간 건조합니다"라는 설명을 들을 뿐이다. 실제 인공눈물을 처방받고 몇 번 넣으면서 하루 이틀 보내다 보면 눈의 불편감이나 통증은 씻은 듯이 사라진다. 통증이 사라졌으니 내 눈은 건강해진 것일까?

평소에 늘 눈이 피곤하다는 34세 여성 환자가 내원했다. 보통은 약간 건조해 가끔 인공눈물만 넣곤 했는데 갑자기 며칠 전부터 찌르는 듯한 통증과 눈에서 열이 지속적으로 나 방문했다. 이런 증상이 계속 있는 것은 아니고 아주 잠깐씩 나타나는데 증상이 나타날 땐 너무 힘들어서 어떻게 해야 할지 모르겠다고 했다. 환자분께 물었다.

"몇 년 전부터 아침에 눈을 뜨면 저녁에 잠들 때까지 대체로 하루 종일 눈이 피로하셨을 텐데요?"

"네, 맞아요. 하지만 요즘 현대인들은 다 그렇잖아요? 제 주변 동료들도 대부분 그렇던데요."

"최근에 특별히 눈을 많이 사용하고 과로하셨거나 심한 스트레스 상황에 노출되지는 않으셨는지요?"

"실은 제가 박사 과정 논문 심사 때문에 퇴근해서도 거의 책과 컴퓨터와 씨름하느라, 잠시간도 줄일 수밖에 없고요."

"안과는 몇 군데나 가보셨나요?"

"두 군데 가본 것 같아요. 처음에는 집에서 가까운 동네안과에 갔다가 도통 효과가 없는 것 같아서 유명하다는 안과를 찾아갔어요. 그곳에서 처방해준 인공눈물도 착실히 넣고 있답니다."

"그러시군요. 눈의 통증은 하루 중 얼마나 느끼고 있나요?"

"책을 2시간쯤 보거나 컴퓨터를 보면서 1시간 넘게 작업하
다 보면 눈에 이물감이 느껴지기 시작하다가 계속 눈을 사
용하면 그때 갑자기 찌르는 듯한 통증이 생기는 것 같아요.
그러면 어쩔 수 없이 작업을 중단하고 눈을 감고 있거나 세
안을 하는 등 여러 방법을 써보면서 휴식을 취하면 다시 괜
찮아지는 것 같아요. 그러니까 하루 중 눈의 통증은 눈을
얼마나 사용하느냐에 따라 달라져서 정확히 표현하기가 힘
드네요."
"아 그러시군요. 지금 환자분의 눈은 경도의 안구건조증이
라고 할 수 있습니다. 안구건조증은 실제 안구에는 아무 이
상이 없답니다. 다만 눈꺼풀과 눈물, 눈물샘이라는 시스템
이 제 역할을 수행하지 못할 때 나타나는 증세죠."

실제 안구건조증은 눈을 많이 사용하는 현대인들에게 쉽게 나타
나는 증상이다. 눈꺼풀은 매우 얇고 섬세한 조직으로 대체로 7초에
한 번씩 깜박이는데 이 깜박이는 찰나의 순간에 안구가 촉촉이 유지
될 수 있도록 눈물을 생성한다. 이 눈물은 지방층, 수분층, 점액층이
라는 3개의 층으로 구성되어 있다.
그런데 건조한 눈의 눈물샘은 결막과 각막의 윤활도를 적절하게
유지하게 만드는 충분한 눈물을 생산하지 못하는 것이다. 또 눈을 너

무 지나치게 사용해 눈을 뜨고 있는 시간이 많아지게 되면 눈물의 증발이 많아지게 되고 그 결과 만성적으로 증발성 건조한 눈이 된다. 이런 눈의 경우 눈물샘들이 충분한 수용성 눈물을 생산한다 하더라도 눈물이 함유한 지방과 점액의 양이 부족하게 되어 눈물의 증발이 더 빨라지는 악순환을 경험하게 될 수도 있다.

한의학적으로 안구건조증은 스트레스와 눈의 과로를 주원인으로 본다. 이러한 원인들로 인해 먼저 간장의 기운이 울체되고 이것이 계속적으로 누적되면 간장의 화기가 생성되게 된다. 그리고 이 화기가 눈으로 올라가면 눈에서 생성하는 기초눈물을 말려 버려 안구건조증을 유발시킨다고 본다. 눈에는 기초눈물이 항상 2~3cc 정도가 있어

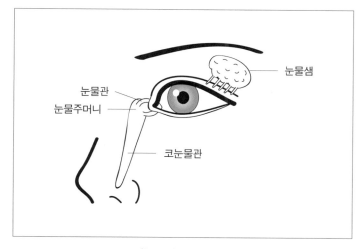

〈눈물기관과 기능〉

야 한다.

　위의 사례자의 경우는 경도 안구건조증으로 가장 주의할 점은 눈의 과로를 피하는 것이다. 이런 상태라면 한 달 정도의 침 치료와 투약 치료를 병행하면 많이 개선될 수 있다.

문명의 발달로
늘어나는 시력 감퇴 인구

산업혁명과 함께 19세기부터 전기, 전화 등 과학의 발전으로 시작한 문명의 발달이 점점 더 빠르고 복잡하게 진행되어 지금의 21세기가 되었다. 이런 흐름에 따라 현대인들은 과거와 달리 눈을 사용함에 있어 원거리보다는 근거리에 익숙하다. 그러다 보니 날이 갈수록 시력 감퇴 인구가 늘 수밖에 없는 실정이다.

불과 30여 년 전만 해도 컴퓨터는 낯선 기기였다. 그러나 현재 우리에게 있어 컴퓨터는 필수다. 또 이를 넘어서 손안의 또 다른 세상인 스마트폰도 일상에서 없어서는 안 될 필수품이 되었다.

컴퓨터 앞에 앉아 수행해야 할 업무가 산적해 있고, 일을 하지 않는 동안도 게임, 웹서핑, 인터넷 검색, 과제를 위한 연구, 인터넷 뱅킹

서비스 등의 다양한 활동을 위해 우리는 모니터에 시선을 두고 있다. 이는 때와 장소를 가리지 않아 집에서도 습관적으로 컴퓨터 화면 앞에 앉아 장시간을 보내고 침대에 누워서도 스마트폰을 끄지 못한다. 이런 환경 속에서 눈은 우리에게 피로함을 호소하지만, 이를 알아차리고 컴퓨터 화면이나 스마트폰을 들여다보는 것을 멈추는 이는 거의 없다.

이렇게 눈이 보내는 이상신호를 감지하지 못하고 계속해서 사용하면, 눈은 더 이상 버티지 못하고 안정피로, 눈의 피로, 불타는 듯한 느낌, 염증, 출혈, 심각한 안구건조 등과 같은 증상을 토해낸다. 컴퓨터나 스마트폰만 건조한 눈을 만드는 것은 아니다. 장시간 TV를 보거나 책을 읽는 경우에도 집중으로 인해 눈 깜박임의 비율이 줄어들어 안구건조를 유발한다. 이같이 눈의 집중도를 올려 눈을 건조하게 만든 안구건조의 해결책은 간단하다. 그 행동을 '중지'하면 되는 것이다. 문제는 우리가 그러한 행동들을 당장 멈출 수 없는 상황에 놓여 있다는 것이다. 업무를 봐야 하는 직장인이 모니터를 보는 것을 멈출 수는 없는 노릇이니 말이다. 그렇다면 이런 경우에는 어떻게 하면 안구건조를 줄일 수 있을까?

눈을 집중시키는 활동들로 우리의 눈이 건조해질 때처럼, 눈을 사용하는 행동들을 할 때 한 가지만 명심하면 된다. 장시간 모니터를 볼 때, TV를 볼 때, 독서를 할 때, 장거리 운전과 같이 장시간 눈의 초점을 맞추는 일 등을 할 때 의도적으로 눈을 깜박이는 것이다. 또한 가능한 한 눈의 피로를 최소화할 수 있는 눈 마사지, 눈 운동 등을 해주면 더욱 효과적이라는 것을 명심하도록 하자.

하루는 20대 초반의 남자가 진료실 문을 노크했다. 마른 체격에 훤칠한 키를 가진 잘생긴 청년이었다.

"직업은요?"

"대학생입니다."

"부모님과 같이 사나요?"

"아니요, 부모님은 먼 시골에 계시고 저는 혼자 자취 중입니다."

"그렇군요. 식사는 잘 만들어 먹나요?"

"그래야 하는데 졸업반이라 이런저런 스트레스도 많고, 소소한 바쁜 일들이 많이 생겨서 불규칙하게 식사를 하고 있어요. 그래서인지 요즘 소화기도 별로 좋지 않은 것 같아요. 식사하고 나면 무언가 막힌 것처럼 더부룩합니다."

"그렇군요. 그럼 눈에 이물감도 심하고, 눈앞에 마치 뿌연 안개가 낀 것처럼 막이 있고 답답한 느낌도 자주 있겠네요."

"네, 맞아요. 어떻게 아세요?"

"우리 몸은 서로 연결되어 있고, 이물감과 눈앞이 뿌연 느낌은 위장이 약해지면 나타날 수 있어요. 학생의 경우, 대학에 진학해 부모님과 떨어져 생활하면서 불규칙한 식사습관으로 위장이 약해진 것일 수 있지요. 하루 종일 눈이 피로한 것은 꽤 된 것 같은데, 맞나요?"

"네, 중학교 때부터는 거의 눈이 피곤했던 것 같아요."

"중학교 때 공부를 많이 했나 보죠?"

"아니요. 그것은 아니고 제가 욕심이 많았던 것 같아요. 남들이 하는 것은 내가 다 더 잘했으면 했었어요. 그래서 초등학교 때부터 게임도 많이 하고 텔레비전도 열심히 보고 공부도 뒤처지지 않으려고 나름 열심히 했고요. 하고 싶은 것도 보고 싶은 것도 많아 어릴 때부터 수면시간이 하루 평균 5시간 정도였어요. 잠자는 시간이 부족했던 것 같아요. 그러다 갑자기 시력이 떨어져서 초등학교 때부터 안경을 쓰기 시작해서 지금은 고도 근시예요."

"음, 수면시간이 많이 부족했군요. 눈에 무언가 있는 것 같은 뻑뻑한 이물감은 언제 처음 느꼈나요?"

"중학교 때부터 느끼기 시작했고, 고등학교 때부터는 더 자주 느꼈던 것 같고, 대학 때는 거의 매일, 하루 종일 뻑뻑하고 예전보다 더 불편했던 것 같아요."

26

"안과는 언제 처음 갔나요?"

"고등학교 때 처음 갔는데 눈이 건조하다고 인공눈물을 처방해 주셨어요. 그런데 이게 처음에는 효과가 있었는데 어느 정도 지나니깐 더 자주 넣어야 되고, 치료되는 느낌은 없더라고요. 증세는 더 심해지는 느낌이고요. 대학 때부터는 넣어도 아무 의미도 없다고 생각해서 지금은 넣지 않고 있어요."

"눈의 통증은 언제부터 있었나요?"

"고등학교 때부터 드물게 한 번씩 있었는데. 대학 들어와서는 좀 더 자주 있어요. 3학년 때부터는 거의 매일 있는데 통증이 있을 때 눈을 감으면 조금 편해요. 그래서 자주 눈을 감고 있었는데, 그걸 보고 친구들은 '너 어제 잠 못 잤니? 잠 좀 자라. 그렇게 공부하다 건강 잃으면 다 잃는 거야' 하고 말하곤 하죠. 실은 책을 보아도 5장 넘기기가 힘든 상태라 공부도 그다지 하지도 못하는데 말에요. 그러다 4학년이 되니 한 페이지만 읽어도 눈이 따갑고 아파요."

"힘드셨겠습니다. 제가 보기에 환자 분은 나이가 젊음에도 중등도의 심한 안구건조 증세를 가지고 있어요. 그 기저에는 비교 의식에서 비롯된 남보다 우월하려는 마음에서 오는 심한 스트레스가 있는 것으로 보이고요. 또 이 같은 스트레스와 실제 눈을 과하게 사용하여 간장 기운이 울체했고, 이 울체한 기운이 불규칙한 식습관으로 약화된 위장을 더욱 약화시켰습니다. 그로 인해 앞서 환자분이 말씀하셨듯이 눈앞이 뿌연 막이 있는 것 같으며, 이물감은 더욱 심해진 것입니다. 게다가 누적된 간의 울체 기운이 간화로 발전하여 이 간화가 눈의 기초눈물을 빠르게 증발시키는 악순환의 고리로 작동했고요. 졸업반이라 힘드시겠지만 적어도 1~2달은 근거리 눈 사용을 최대한 하지 않도록 해야 합니다."

이 환자의 경우 중등도의 안구건조로 대략 3달 정도 침 치료와 투약 치료를 병행해야 한다. 그리고 3달 후 어느 정도 치료되었는지 확인한 후에 후속 치료를 진행해야 한다. 만약 여전히 눈을 상하게 하는 마음가짐과 습관을 버리지 못해 증세가 남아 있다면 이를 마저 뿌리뽑아야 한다. 이런 환자의 치료에서 가장 중요한 점은 눈의 과로를 피하는 것이다. 그리고 눈 또한 근육으로 이뤄진 신체의 일부라는 점에서 눈 운동을 꾸준히 함께 해주어야 한다.

스마트폰이
우리 눈을 공격한다

앞서도 잠시 언급했지만 지금에 와서 컴퓨터나 텔레비전 시청이나 독서보다 더욱 사람들의 눈에 치명적인 것은 스마트폰이다. 대한민국 어느 곳에서든 잠시 서서 주위를 둘러보면 손바닥만한 전화기를 빨려 들어갈 듯 쳐다보는 사람을 쉽게 볼 수 있다.

특히 출퇴근 시간 전철을 타보면 정말 많은 사람들이 무언가를 손으로 만지작거리며 집중하고 있는 모습을 볼 수 있다. 바로 스마트폰을 매만지는 모습이다. 누군가는 카카오톡을 보고 있고, 또 누군가는 페이스북 소식을 보고 웃음 짓는 이가 있는가 하면, 게임에 **빠져** 정신없이 손을 놀리고 있기도 하고, 누구는 현란한 사진이 가득한 쇼핑몰을 헤매며 쇼핑을 하다가 금방 메일을 확인하기도 하고 또 뉴스를 검색하기도 한다. 그러다 문자 수신음이 오면 곧 문자에 빠른 속도로 답신을 하는 등 각양각색이다. 이런 모습은 전철뿐만 아니라 버스 안이나 광장, 공원, 대학교, 사무실, 대기실 등 사람이 있는 곳이라면 어디서나 볼 수 있는 전경이다. 심지어는 보행 중에도 많은 사람들이 자신의 스마트폰을 보고 있다. 무엇이 그리도 소중한지 대부분은 화장실에도 들고 갈 정도로 스마트폰을 지근거리에 두지 못하면 안절부절못한다.

작년 6월 기준 세계 주요 50개국의 스마트폰 보급률이 70%에 육박했다고 한다. 휴대폰 10대 중 7대는 스마트폰인 것이다. 우리나라는 싱가포르, 아랍에미리트와 함께 세계에서 스마트폰 보급률이 가장 높은 국가 중 하나로 보급률이 약 91%라 한다. 수치만 봐도 얼마나 많은 사람들이 손바닥만한 크기의 스마트폰에 사로잡혀 살고 있는지 알 수 있다.

책이나 스마트폰 등을 볼 때, 우리는 하나의 대상물에 눈을 집중시키게 된다. 그러면 자연스레 눈 깜박임의 횟수가 적어지게 되는데 그로 인해 눈은 쉽게 피로해지고, 정상적인 눈물을 생성하지 못해 안구가 건조해지게 된다. 그런데 스마트폰처럼 작은 화면에 쓰여 있는 글을 읽으려면 정신과 눈은 더욱 집중하여야 한다. 작은 글씨와 화면에 과도한 집중을 하다 보면 눈의 긴장은 심해질 것이고 눈의 피로도 심해지는 것은 자명한 이치이다.

　우리 눈은 가깝고 먼 곳을 함께 보도록 만들어졌다. 그런데 너무 가까운 곳만 집중해서 보면 과도하게 눈의 근육이 긴장하게 되고 이는 눈피로, 안구건조뿐 아니라 여러 다른 안질환을 초래하는 원인이 될 수 있다.

　내가 운영하는 한의원은 치료실이 침대로 되어 있는 곳도 있고 의자에 앉아 치료하는 곳도 있다. 의자에 앉아 침을 맞는다는 것이 침대에 누워서 맞는 것보다는 불편하게 느껴질 수도 있지만 환자분들과 대화를 하고, 여러 가지 눈 운동을 가르쳐주고, 하는 것을 지켜보고, 눈 건강을 위한 명상을 진행하기에는 의자를 사용하는 것이 좀 더 적합해 설치해 두었다.

　나는 의자 치료실에서 의자에 앉은 환자들과 서로 마주 보며 "눈의 건강은 어떻게 가져올 것인가?", "환자분들의 심각한 안구건조는 어떻게 치료될 것인가?", "왜 우리에게 병은 생기는가?" 등 다양한 주제로 이야기를 나눈다.

　이렇게 질의응답을 하다 보면 간호사가 초진 환자분이 진료실에서 기다리고 있다고 부르기 십상이다.

　"여러분, 저는 초진 환자 진료하러 갑니다. 지금부터는 대략 10분간 명상을 하겠습니다. '눈감을 명, 깊이 생각할 상', 명상은 눈감고 깊이 생각하는 것을 말합니다. 자, 여러분 눈을 감고, 자신의 눈이 좋아져서 편안하게 사용하는 환경을 명상해 보시기 바랍니다. 아셨죠?"

"네, 알겠습니다."

대답은 모두 해주시지만 실제 상황은, 몇몇 환자분은 눈을 감고 열심히 명상을 하려고 노력하지만 다른 몇 분은 어느새 스마트폰을 꺼내 들고 무엇인가 확인하고 답하는 데 정신이 없다.

"환자분, 제가 눈을 아끼라고 그렇게 강조했는데, 치료하는 중에도 스마트폰을 보고 있으니 제가 보지 않는 곳에서는 얼마나 눈을 사용하고 있을까요? 참, 걱정입니다."

"아니에요. 오늘 카톡 알림을 꺼놓질 않았더니, 계속 카톡, 카톡 아우성을 쳐서요."

"아, 그러셨군요. 항상 강조했다시피 안구건조의 가장 심대한 근본 원인 중 하나는 눈의 과로입니다. 지금 여러분의 눈 상태는 약간만 눈을 사용해도 눈이 과로해지는 상황에 있습니다. 정상인들은 책을 수십 페이지 읽거나 텔레비전을 몇 시간 보더라도 눈이 피로해지거나 과로한 상황이 아닙니다. 하지만, 여러분은 책 몇 페이지, 텔레비전 시청 시간 몇 분이 여러분의 눈에는 과로로 작동한다는 것을 잊어서는 안 됩니다. 그만큼 여러분의 눈은 취약해진 상황입니다. 만약 여러분이 치료 중에 스마트폰, 텔레비전, 독서 등 근거리를 보기 위해 눈을 사용하게 되면 병에 힘을 실어주는 꼴입니다. 최대한 자제해주세요. 병이 힘을 얻으면 치료의 힘이 약화될 수밖에 없고, 그럼 치료 기간이 길어지게 됩니다."

눈의 위기신호,
안구건조증

　과거와 달리 지금은 물질문명과 문명이기의 삶으로 많은 것이 복잡하고 빠르게 변화, 명멸하고 있으며, 이에 발맞추어 살아야 하는 현대인들의 삶도 그만큼 빠르고 복잡하다. 짧은 시간에 더 많은 생각을 해야 하고, 더 많은 것을 집중해서 보아야 한다. 이런 조건 때문에 스트레스는 더욱 과중해지고, 눈은 더욱 혹사당하게 된다.

　스트레스와 과로로 인한 무기력 때문에 몸의 면역력이 떨어지면 온갖 병이 우리 몸에 침투하듯이 스트레스와 눈의 과로 때문에 눈의 면역력이 떨어지면 여러 안질환이 우리 눈에 침투하게 된다. 남녀노소를 불문하고 이 시대를 사는 사람들의 눈병의 시초가 바로 눈피로 혹은 안정피로라 부르는 것으로, 이 눈피로가 확실히 우리 눈에서 병의 위치를 점한 것이 안구건조증이다. 대부분의 사람들은 눈피로에 대해 질환이나 병이라는 의식은 전혀 갖고 있지 않다. 현대를 사는 모든 사람들은 당연히 눈피로를 가질 수밖에 없고, 이것은 그저 누구나 눈을 과로하면서 살아갈 수밖에 없기 때문에 생기는 현상일 뿐 굳이 치료해야 한다고 생각지 않으며 그저 잠깐 휴식을 취하면 사라지는 것이라고 믿는다.

하지만 실상은 눈피로가 원인이 되어 수많은 안구건조증 환자를 양산하고 있으며, 그런대로 명성이 있는 안과 병원에서 만날 수 있는 환자들의 과반 이상이 바로 이 안구건조증 환자들이다. 문제는 안구건조증이라는 질환으로만 끝나는 게 아닐 수 있다는 사실이다.

안구건조증이 생기게 되면 그에 따라 근시, 원시, 난시, 사시 등의 시각 이상 질환으로 발전할 여지가 높다. 눈꺼풀과 눈물은 눈을 보호하는 역할을 함께 수행한다. 눈의 보호에 주요한 역할은 하는 위·아랫눈꺼풀은 이물이 눈에 들어가는 것을 막아주는 두세 줄의 속눈썹을 가지고 있다. 그리고 이물을 씻어내는 눈물은 윗눈꺼풀의 눈물샘에서 만들어내는데 이 눈물 속에는 감염을 막아주는 자연의 항생 물질이 있다.

안구건조로 눈물이 부족해지면 눈을 보호하는 기능이 약화되어 세균 감염이 나타날 여지가 높아진다. 그 대표적인 질환이 다래끼로 세균 감염으로 속눈썹의 뿌리에 농이 차서 부어오르며 통증을 나타 낸다. 그 외에도 눈꺼풀의 가장자리에 염증이 생기고 눈꺼풀이 붓고 붉게 되고 가려운 증상이 나타나는 안검염이 있다. 안검염은 안구가 건조해져도 출현할 여지가 높다.

또 안구건조가 심해지면 심해질수록 눈에 통증이 심화되는데, 이런 경우 통증을 없애보려는 노력으로 눈을 감게 된다. 이렇게 눈을 감으면 눈의 통증이 완전히 없어지지는 않지만 대체로 통증의 경감을 경험하게 된다. 이렇게 통증의 경감을 경험하면 길을 걷다가도 눈을 감게 되고 누군가와 대화할 때도 눈을 감게 되며, 눈을 감고 생활하는 것이 생활화되면 윗눈꺼풀을 올리는 근육의 힘이 약화되어 안검하수가 올 수 있다. 눈이 피로하면 온몸이 피로해지는 것처럼, 안검하수가 오면 온몸이 처지고 힘이 빠지며 몸을 약간만 써도 힘들며 위하수를 보이는 환자가 많다.

진료실에서 안구건조 환자를 대하노라면 속눈썹이 눈을 찌른다고 호소하는 환자가 간혹 있는데, 이는 눈꺼풀의 가장자리가 안으로 휘어 들어가면서 나타나는 증상으로 안검내반이라고 부른다. 안검내반의 전형적인 증상이 눈물과 자극 그리고 눈의 통증이다. 치료하지 않을 경우 각막손상으로 인한 각막궤양이 올 수도 있고, 시력 손실도 있을 수 있다. 안검내반과는 달리 아랫눈꺼풀의 가장자리가 바깥으로 휘는 안검외반이 있는데, 이 안검외반이 있으면 노출된 눈꺼풀 면이 건조해지게 되고 그로 인해 통증을 느끼게 된다. 또 눈물이 코눈물관으로 들어가지 못하게 되어 눈물이 계속 흐르거나 완전히 닫히지 못한 눈꺼풀 때문에 각막이 계속 노출될 수 있고 이로 인해 각막이 손상되거나 감염이 생길 수 있다.

또한 세균이나 바이러스 감염, 알레르기, 연기, 자외선 등의 외부 자극에 의해 염증이 흰자위나 눈꺼풀 안쪽을 덮는 결막염이 생길 위험도 더 높아진다. 눈물은 얇은 보호막을 형성하여 눈의 윤활유 역할을 하고 먼지와 이물질을 제거하는 기능을 가지고 있는데 이러한 기능을 가진 눈물이 부족해지면 윤활유 역할과 이물질 제거 기능을 제대로 할 수 없게 되어 작은 이물들이 각막에 찰과상을 일으킬 수 있다. 그리고 이는 각막의 깊은 부식을 일으키는 각막궤양으로 발전할 수도 있다. 이외에도 심각하고 지속적인 눈의 감염으로 각막에 손상을 주게 되는 트라코마라는 안질환으로 진행될 가능성도 있다. 오염된 손이나 파리를 통해 발생하는 트라코마는 특히 덥고 비위생적이며 건조한 지역에서 많이 발생한다.

이외에도 안구건조증은 눈의 바깥쪽의 단단하고 흰 공막의 염증인 공막염으로 발전할 수도 있고, 눈 안의 일련의 연결된 구조물인 포도막(홍채, 섬모체, 맥락막)의 염증으로도 발전할 수 있다. 특히 백내장, 녹내장 환자들의 대부분이 안구건조의 기반을 가지고 있다.

위에 언급한 것처럼 스트레스와 눈의 과로로 인해 급격하게 증가 중인 현대인의 안구건조증은 여러 안질환의 위기 신호이자 위험인자가 될 수 있다는 것을 명심하도록 하자.

스트레스, 자극에 대한 반응치를 낮춰라

　만병은 마음에서 온다. 한의학에서는 마음의 흐름을 칠정(기쁨, 분노, 근심, 생각, 슬픔, 공포, 놀람)으로 분류하는데, 모든 질병의 시작은 바로 이 칠정의 감정흐름이 중용을 잃고 칠기 상태로 변화되어 탁해지고 축적되어 나타나게 되는 것이다. 즉 칠정이란 중용적인 감정의 흐름으로 선순환을 일으켜 보다 더 건강하게 만들어주는 긍정적인 감정의 흐름이라면 칠기란 그와 반대로 중용의 감정흐름에서 이탈하여 질병을 초래하는 부정적인 감정의 흐름이요, 이기적인 감정의 흐름이라 할 수 있다.

　우리 눈에는 보이지 않지만 하나의 마음이 생길 때마다 무형의 기운이 유형의 인체에 영향을 미치게 된다. 마음의 작용이 긍정적이면, 이때 마음의 흐름은 맑고 깨끗하며, 너와 내가 둘이 아니고 하나라는 감정의 발산을 경험하게 되어 행복하고 충만하게 되는데 이런 기의 흐름은 당연히 우리 인체를 건강하게 해준다. 하지만 그 작용이 부정적이면, 마음의 흐름도 탁해지게 되고 오로지 자기만족을 위한 이기적 감정의 발산을 경험하게 되어 여러 가지 질병을 야기하는 원인이 된다.

참 아이러니 아닌가! 모든 사람은 행복을 추구하고 기쁨을 소망하는데, 자기만의 행복과 기쁨을 추구하면 결국 자기 몸이 병이 들게 되고 건강을 잃게 된다니 말이다. 지나치게 자기의 권익을 위해 화를 내면 간병이 생기게 되는데, 한의학 원전에 보면 "분노하면 간을 상한다. 근심을 주어 분노의 병을 다스려라"라고 쓰여 있다. 또 "간과 눈은 직접적으로 연계되어 간의 모든 증상은 그 표징이 다 눈에 나타난다"고도 되어 있다. 그러므로 지나친 분노가 축적되면 필경에는 간을 상하게 되고 눈을 상하게 되는 것이다.

건강의 표징은 소통에 있다. 마음이 걸림이 없어 자유로우면 마음을 따라 도는 기운도 막힘없이 소통될 것이며, 기운을 따라 도는 피도 막힘없이 소통될 것이니 이것이 건강의 표징이다. 반대로 병의 표징은 맺히고 뭉치고 쌓이는 것이다. 마음이 자아의 감옥에 갇혀 이것에도 걸리고, 저것에도 걸리면, 마음을 따라 도는 기운도 이리저리 맺히고 결릴 것이며, 이 기를 따라 도는 피도 따라서 뭉치고 쌓이고 결릴 것이니, 어느 부위가 맺히고 결리느냐에 따라 병의 부위가 달라질 뿐, 모든 병은 막힘이 그 원인이다.

마음으로 인한 질병을 현대식으로 표현하면 스트레스 병이라고도 할 수 있다. 현대인들에게 스트레스에 대한 오해가 있는데 그것은 스트레스를 외부 자극 혹은 외부의 나쁜 자극, 부정적인 자극이라고 생각한다는 점이다. 하지만 스트레스란 외부 자극이 아니라 긍정적이든 부정적이든 이에 대한 우리 내부의 반응을 말한다.

스트레스 반응은 자극 호르몬인 아드레날린이나 다른 호르몬이 혈중 내로 분비되어 우리 몸을 보호하려고 하는 반응으로, 위험에 대처해 싸우거나 그 상황을 피할 수 있는 힘과 에너지를 제공한다. 어떤 상황에 처하건 긍정적인 반응은 힘과 에너지를 긍정적으로 발산하게 하고, 부정적인 반응은 우리 힘과 에너지를 부정적으로 발산하게 만든다.

스트레스의 원인을 스트레서(stressor) 또는 유발인자라고 하는데, 그 원인은 내적 원인과 외적 원인으로 나눌 수 있다. 원인의 대부분은 자기 자신에 의한 내적 원인에 기인한다. 외적 원인은 소음, 강력한 빛과 열, 사회적 관계 속에서 타인과 격돌, 여러 종류의 규칙, 규정, 가까운 사람의 죽음, 직업 상실과 같은 생활의 큰 사건, 일상의 복잡한 일 등이며, 내적 원인은 충분하지 못한 수면, 과도한 생활양식, 비관적이고 부정적인 삶의 태도와 생각, 경직된 사고와 이기적이고 지나친 소유, 비현실적인 기대 등이라 할 수 있다.

스트레스에 의한 부정적인 반응으로 인한 일반적인 증상은 피로, 두통, 심계항진이나 흉부나 복부 통증, 근육통이나 경직 같은 신체적 증상이나 불안, 우울, 분노, 근심, 걱정 등의 정신적 증상이 나타날 수 있다. 하지만 스트레스는 무조건 건강에 좋지 않은 영향을 끼치는 것은 아니다. 적절한 스트레스는 오히려 신체와 정신에 활력을 준다는 사실이다. 즉 외부 자극이 부정적인 것이건, 긍정적인 것이건 나의 반응은 긍정적으로 반응할 수도 있고 부정적으로 반응할 수도 있다. 긍정적인 반응은 활력을 줄 것이요, 부정적인 반응은 우리의 활력을 빼앗아갈 것이다. 외부 자극과 반응 사이에는 일정한 시간이 있을 수 있다. 즉 반응을 긍정적으로든 부정적으로든 결정할 수 있는 시간을 우리가 가지고 있다는 사실이다. 만약 우리가 외부 자극에 대해 반응의 시간을 가지지 않고 곧바로 반응한다면 우리는 외부 자극에 의존해 있는 의존적인 사람일 뿐, 독립적인 사람은 되지 못한다. 어떤 상황에서든 독립하여, 자극에 대한 반응의 시간을 가지고 자극에 대한 반응치를 낮추고 살 수 있다면, 건강한 삶을 살 수 있다.

어떻게 독립적인 사람이 될 수 있을까?

독립적인 사람이 건강한 사람이라면 우리는 어떻게 건강한 사람이 될 수 있을까?

독립적인 사람이 행복한 사람이라면 우리는 어떻게 행복한 사람이 될 수 있을까?

독립적인 사람이 사랑의 사람이라면 우리는 어떻게 사랑의 사람이 될 수 있을까?

긍정적인 사고를 할 경우 베타 엔돌핀이 분비되고, 부정적인 사고를 할 경우 혈관을 수축시키는 주범인 노르아드레날린과 아드레날린이 분비된다. 아무리 불쾌한 일을 겪더라도 사태를 긍정적으로 받아들여 "이것은 하나의 시련이지만 좋은 경험이다"라고 생각하면 베타 엔돌핀이 분비되지만, 아무리 행복한 환경에 있는 사람이라도 화를 내거나 누구를 증오하는 부정적인 감정을 가지면 노르아드레날린과 아드레날린이 분비된다. 어떤 상황에 처해 있건 절대 긍정의 마음으로 사는 것이 결국 독립적인 삶을 살 수 있는 가장 빠른 지름길인 셈이다.

혹사당하는
현대인의 눈

　컴퓨터, 스마트폰, 인터넷, 수많은 게임, 휴대용 영상기기의의 발달 등 현대 문명이 가져온 성과는 이전에는 없던 새로운 병리현상을 낳게 되었다. 특히 개인적인 측면에서 우리의 눈은 지나치게 집중된 근거리 위주로 사용되고 있다. 또한 과거와는 달리 부모들의 극심한 비교 의식 속에 자기 아이만은 경쟁 사회 속에서 이겨 살아남아야 한다는 생각 때문에 너무 이른 시기에 아이들의 교육이 시작되면서 어릴 때부터 과도하게 눈을 사용하게 되고 그로 인해 어린이들의 시력 약화로 이어지게 되어 근시와 여러 안질환들이 급격하게 늘어가는 실정이다.

어린이의 정상적인 시력 발달 단계상 소아는 만 3세~5세경에 정상 성인 수준의 눈 모양과 형태를 가진 시세포를 완성하며 시력은 0.8~1.0 수준이라고 한다. 또 만 8세~10세경에 이르면 시력 발달이 완성 단계에 접어들어 해부학적으로나 기능적으로 성인과 거의 동일한 수준의 시각능력을 보이며, 고도의 입체시를 가진 1.0 수준의 시력을 보인다고 한다.

하지만 어린 시기에 조기교육과 같은 환경에 노출된 어린이들은 부모님의 기대와 공부에 대한 과도한 스트레스를 받게 된다. 시력 발달 단계상 아직 구조적으로 완전히 성숙하지도 못한 눈을 가지고 지나치게 근거리만을 집중해서 사용한 나머지 시력 약화가 시간이 지날수록 심화될 수밖에 없다. 사물을 정확히 보기 위해서는 눈뿐만 아니라 눈으로 포착한 이미지를 망막에서 전기신호로 변환하여 시신경을 거쳐 뇌의 대뇌피질에 있는 시각야로 전달해야 하며, 거기에서 뇌가 영상화했을 때 우리는 비로소 '보게' 되는 것이다. 그러니 보는 것의 주체는 눈이 아니라 뇌다.

이렇듯 뇌와 눈은 불가분의 관계에 있는 것이다. 수많은 시각 정보들이 어린이의 뇌를 통해 자극되어 발달하기 때문에 어린이 시력 발달은 뇌 발달과 깊은 관련을 맺을 수밖에 없는 것이다. 이 중요한 시기에 스트레스와 눈의 과로로 인해 시력이 약화되게 되면 정상적인 눈의 기능을 못할 뿐만 아니라 근시, 난시, 사시 등 시각 이상으로 인해 집중력 저하 등과 같은 2차적인 학습 장애의 문제들이 유발되게 된다.

현대 문명의 이기는 우리 생활 모든 분야에 침투되어 집에서건, 직장에서건, 여타의 사회 생활 저변에 필수 사항이 되어 버렸고, 성인들은 거의 대부분의 시간을 현대 문명의 이기를 사용하느라 쉴 사이 없이 바쁘며 그로 인해 눈도 바빠질 수밖에 없다. 이렇게 과도하게 사용하는 눈은 여자의 경우 40세 전후, 남자의 경우 50세 전후로 노안이라는 결과로 나타난다.

노안이란 눈의 조절력이 나이가 들어감에 따라 점진적으로 떨어져 가까운 글씨를 보기 힘들게 되는 일종의 노화 현상이라고 말할 수 있다. 사람마다 차이가 있지만 거의 대부분 피할 수 없는 현상이다. 노안은 눈의 구조 중 수정체와 각막이 경화되고, 사진기의 조리개 역할을 하는 모양체 근섬유의 탄력성이 감소하여 발생한다.

개개인의 눈의 굴절 상태에 따라 차이가 있을 수 있지만 근거리 눈의 사용이 어려워지는 것은 일반적으로는 원시안에서 더욱 빨리 발생하게 된다. 또한 생활 속의 불편감 또한 상당히 심하여 삶의 질이 시간이 지날수록 떨어지고 그로 인해 여러 정신적인 문제를 초래할 수 있다. 50대 즈음에 발생되는 남녀 갱년기에 우울증 등과 같은 정신적인 장애로까지 발전할 수도 있다. 원시안에 비해 근시안을 가진 경우에는 근거리 작업을 할 때 눈을 사용할 경우, 상대적으로 그 불편감이 적지만 평상시에는 안경을 써야 한다.

복잡다단한 현대의 삶을 살아가는 현대인들은 스트레스가 지나치게 높을 수 있다. 또한 집중적인 눈의 근거리 사용이 과도할 수 있다. 이로 인해 눈 깜박임이 줄게 되고 눈물샘에서 분비하는 기초눈물의 양이 줄게 되며 상대적으로 눈물의 증발량도 많아지게 된다. 이와 같은 상황 속에서 눈의 피로는 갈수록 점점 심해지고, 안구건조로 발전함과 동시에 조기 노안의 원인으로 작동하게 된다. 안구가 건조하게 되면 각막에 유지하고 있던 기초눈물이라는 윤활유 부족 때문에 각막 표면이 거칠어지게 된다. 그리고 오랫동안 근거리를 보는 데 집중하다 보면 수정체 두께를 조절하는 모양체 근육이 계속 긴장 상태로 있게 된다. 이런 상황이 생활 속에서 반복되다 보면 수정체 조절이 원활하지 못하게 되어 피로가 계속 쌓일 수밖에 없고, 그로 인해 조기 노안이 오게 되는 것이다.

흔히 우리는 지금 사회를 일컬어 고령화 사회, 100세 사회라고 말한다. 의학의 발전과 식생활의 변화 등의 환경적인 요인들로 인해 과거에 비해 평균 수명이 크게 늘어났기 때문이다. 이러한 고령화 사회에서 조기 노안이 오게 되면 한창 사회생활을 하며, 직장이나 운동,

취미활동 등 실생활 속에서 적극적으로 몸을 움직이고 활동하는데
장애가 오게 될 것이다.

충혈된 눈은
안질환의 신호

밖에서 보이는 눈은 검은동자와 흰자위 그리고 윗눈꺼풀과 아랫눈꺼풀로 구성되어 있다. 이 때 검은동자를 각막이라 부르며, 흰자위는 공막이라 부른다. 이 공막 위에는 투명한 얇은 막인 결막이 덮고 있는데 이 결막은 윗눈꺼풀 안쪽과 아랫눈꺼풀 안쪽으로 연결되어 속눈썹 부위까지 이어져 있다. 대개 사람들은 이물질이 눈에 들어갔을 경우 그 이물질이 눈 속으로 들어가지 않을까 생각하지만, 이물질이 결막을 뚫고 들어가지 않는 한 눈 속으로 들어갈 수 없고, 해부학적 구조상 결막이나 눈꺼풀에 붙어 있을 수밖에 없다.

결막이 정상일 때는 투명하기 때문에 마치 결막이 없는 것 같지만 눈에 이물질이 들어가 자극이 일어나거나 염증이 발생할 경우에는 눈이 붉게 충혈되어 결막의 존재를 인식할 수 있게 된다. 충혈이란 한마디로 눈의 혈관이 확장되어 부풀어진 상태로 피가 많이 몰려 있는 것이다.

우리 몸은 세포로 구성되어 있다. 모든 내장기관, 외부기관, 심지어 근육, 골격, 피부 등 모든 부분이 세포로 되어 있는 것이다. 이 세포들이 살기 위해서는 산소와 영양분을 공급받아야 한다. 이 영양분 공급의 통로가 바로 혈관이다. 눈도 세포로 구성되어 있는데 눈의 모든 조직에 산소와 영양분을 공급하기 위해서는 눈의 혈관을 통해서만 가능한 것이다. 또한 혈관 속의 피는 우리 몸을 각종 범죄에서 지켜주는 경찰관의 역할을 하기도 하는데, 만약 범죄가 발생했을 경우 경찰관이 출동하는 것처럼, 우리 몸이나 눈에 이물질이나 세균 등이 침입했을 경우, 침입 장소에 있는 혈관 속의 피가 몰리게 되고 충혈 현상이 일어나게 되는 것이다.

이런 현상은 결막 속에서도 똑같이 일어난다. 이렇게 결막이 충혈되면 외부 사람이 인지하게 되고 생활 속에서 상대를 불편하게 만들 수도 있다. 이뿐 아니라, 눈의 충혈이 눈의 통증 등과 함께 나타날 경우에는 자신에게도 상당히 불편한 증상이 된다. 이런 눈 충혈이 나타날 경우 가벼운 안질환의 신호일 수도 있고 경우에 따라 심각한 안질환의 신호일 수도 있다.

충혈에는 일시적인 충혈과 지속적인 충혈로 분류될 수 있다. 일시적인 경우에는 눈에 먼지 등 이물질이 들어가거나, 장시간의 독서로 인해 눈피로 등이 온 경우 일시적인 자극이나 영양 부족 상태로 말미암아 눈의 충혈이 올 수 있다. 이런 경우 이물질을 제거하거나 휴식을 취해주면 충혈은 사라지게 된다.

하지만 지속적인 충혈은 결막에 세균이나 바이러스가 침입할 경우 문제가 될 수 있다. 눈의 눈물이 제대로 분비되고 정상적인 세정 작용이 작동되어 침입 인자를 씻어내면 문제가 없지만 지속적으로 충혈된 경우는 안구가 건조한 경우가 많으며, 정상적인 기능을 수행할 수 있는 눈물이 부족하게 된다. 이는 염증으로 발전하게 되며 충혈이 진행될 수 있는데 이 경우에는 눈충혈 외에도 눈곱이 끼거나, 통증이 오고, 눈이 부시다 등과 같은 증상이 있게 되면 반드시 전문의를 찾을 필요가 있다. 병에 따라서는 치명적인 눈의 손실을 가져올 수도 있기 때문이다. 포도막염과 녹내장의 경우에는 시력이 떨어지고 두통과 함께 눈 충혈이 나타날 수 있는 질환이다.

눈이 충혈되는 현상은 안구건조증 때문에만 나타나는 것은 아니다. 눈이 감염되었을 때, 외상을 입었을 때, 수면 부족, 지나친 알코올 섭취, 약물 과다, 약물 치료 등에 의해 충혈이 생기기도 한다. 그러나 안구건조증 환자들에게서도 쉽게 찾아볼 수 있는 증상이 바로 눈의 충혈과 염증이며, 일부 환자들에게서는 그 증세가 극심하게 나타나기도 한다.

2장

눈의
구조와
질환

마음의 건강이 곧 눈의 건강이다.

내 왕좌의 동무야!

나쁜 말을 듣지 말고, 나쁜 것을 보지 말며, 네 자신을 낮추지 말고, 한숨 쉬지도 울지도 말아라. 남이 너에게 나쁜 말하는 것을 듣지 않으려면, 나쁜 말을 하지 말고, 네 자신의 잘못이 커 보이게 하지 않으려면, 남의 잘못을 과장하지 마라. 또한 네 스스로 비천함을 드러내지 않으려면, 아무의 비천도 바라지 마라. 그리하여, 덧없는 순간만큼도 못되는 네 생애의 나날을 티 없는 마음과 더러움 없는 가슴, 순결한 생각과 성화된 성품으로 살아야만, 너는 자유와 만족을 누려, 이 사멸하는 육신을 뿌리치고 신비의 낙원으로 가서, 영원한 왕국 안에 끝없이 머물 수 있느니라.

눈을 구성하는
구조와 기능

많은 사람들이 눈을 카메라에 빗대어 표현하곤 한다. 우리의 눈은 어떤 대상을 바라볼 때 바라보고자 하는 대상 자체에만 집중하게 되는데, 이는 카메라가 피사체를 더욱 자세하고 정교하게 렌즈에 담아내려는 과정과 유사하다고 볼 수 있다. 그래서 카메라를 사람의 눈이 확장된 것이라 여기는 이들이 적지 않다. 그러나 본질적으로 사람의 눈은 카메라보다 복잡하며 매우 정교한 활동들을 수행한다는 사실을 잊지 말아야 할 것이다.

카메라와 눈은 거의 유사한 방식으로 작동하는 것이 사실이다. 카메라는 렌즈를 통해 들어온 대상물의 이미지를 복잡한 재료를 통

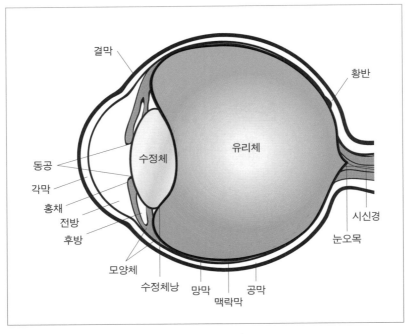

<결막 황반 유리체 동공 각막 홍채 전방 후방 수정체 시신경 눈오목 모양체 수정체낭 망막 공막 맥락막>

〈우리 눈의 구조〉

해 뒤쪽에 기록을 한다. 여기에서의 재료는 곧 필름을 의미하며, 우리의 눈에서 필름과 같은 기능을 수행하는 것이 바로 망막이다.

망막의 내부층은 시신경을 따라 눈의 뒤쪽에 남아 있기 때문에 부분적으로는 뇌 조직으로 볼 수도 있다. 우리 눈에 들어온 이미지는 망막을 거쳐 순차적으로 시신경에 연결되며, 이는 뇌가 해석할 수 있도록 전달된다. 이처럼 카메라와 눈이 많은 부분 유사한 방식으로 작용하는 것은 사실이지만, 눈은 감히 카메라가 범접할 수 없는 놀랍도록 복잡한 구조물로 형성되어 있다.

눈은 인간이 느낄 수 있는 감각의 거의 대부분을 차지한다. 눈은 어떠한 사람이나 사물에 대해 인간이 느낄 수 있는 감정을 가장 먼저 알아차리는 신체기관이다. 이처럼 중요한 기능과 역할을 수행하는 눈은 매우 복잡한 구조로 이루어져 있다. 각막과 동공, 수정체, 홍채, 유리체, 망막, 안구 뒷방과 앞방, 눈동자, 안방수, 걸이인대, 아래곧은근, 시각유두, 섬모체, 시각신경, 결막, 황반, 중심오목, 공막, 맥락막, 위곧은근 등 눈을 구성하는 각 구조물들을 지칭하는 의학 용어도 제법 많이 있다. 교과서를 통해 혹은 의학 관련 자료 등을 통해 각막과 동공, 수정체, 홍채, 유리체, 망막 등에 대해서는 한 번쯤 들어본 경험이 있을 것이다. 그러나 우리 눈의 각 조직들이 어떻게 작용하며, 어떤 관계를 맺고 있는지에 대해서는 정확하게 아는 이는 드물다. 만일, 이 책을 통해 당신이 당신의 눈 구조를 제대로 알아둔다면 눈에 발생하는 이상을 감지하는 것이 훨씬 더 수월해질 것이다.

눈꺼풀

우리가 실제 눈이라고 생각하는 것은 대략적으로 구형의 모양을 띠고 있다. 구형의 안구는 매우 섬세한 조직으로, 의학적으로 안와라 부르는 곳에 자리하고 있다. 안와는 안와상 융기, 광대뼈, 그리고 코뼈 등 세 개의 연결된 뼈의 접합부에 위치해 있으며 함께 작용을 한다. 세 개의 뼈들은 인체가 가지고 있는 두 개의 섬세한 안구를 지지하고 보호하는 역할을 수행한다. 이 안와와 함께 눈을 보호하는 또 다른 조직이 바로 눈꺼풀이다.

눈꺼풀은 겉으로 보기에 단순하게 처진 얇은 피부조직처럼 보이지만, 실상은 매우 복합적인 구조물이다. 눈꺼풀은 눈을 뜨고 감게 하는 아주 작은 근육들과, 혈관, 눈물을 생산하는 선으로 구성되어 있다. 눈꺼풀이 존재하는 이유는 눈의 표면을 건강하게 유지시켜 빛과 이미지가 어떠한 장애나 문제없이 눈으로 들어오게 만드는 데 있으며, 눈으로 들어오는 이미지를 망막을 거쳐 뇌까지 도달하게 만든다.

인체의 신비라는 말처럼, 우리 몸을 구성하고 있는 각 기관들은 정상적인 상황에서 우리가 의식하지 않아도 스스로 활동하며 다른 기관들과 함께 작용하고 있다. 우리가 아무런 활동을 하지 않는 잠을 자는 순간에도 인체의 오장육부가 부지런히 움직이는 것처럼 말이다.

눈꺼풀 역시도 무의식중에 눈을 열고 닫는 작용을 하고 있다. 또한 눈으로 들어오는 빛의 양을 조절하고 먼지나 모래 등과 같은 이물로부터 안구를 보호한다. 사람의 몸은 규칙적으로 눈꺼풀을 깜박임으로써 눈물을 배출하고 눈의 표면을 깨끗하게 만들며 윤활 기능을 돕는다. 이처럼 다양한 구성요소로 이루어져 있는 눈꺼풀은 안구건 조증을 생기게 하거나, 치료하는 데 중요한 역할을 담당한다. 눈꺼풀과 함께 있는 아주 작은 근육들과 안구 주변에 존재하는 또 다른 근육들은 공막에 붙어 있거나 바깥쪽으로 안구를 덮고 있다. 이들 근육들은 서로 동시다발적으로 작용해 우리의 두 눈이 좌우, 상하로 움직일 수 있게 만든다.

이 눈꺼풀에 달려 있는 것이 눈썹과 속눈썹이다. 안와상 융기된 뼈를 덮고 있는 얇고 작은 다발의 눈썹과 속눈썹은 단지 외적인 아름다움을 위해서 존재하는 조직이 아니다. 여성들의 경우, 아름다운 외모를 위해서 눈썹과 속눈썹을 다듬고 색을 입히기도 하며, 자르거나 인조 속눈썹을 붙여 좀 더 예쁜 눈으로 보일 수 있도록 노력하는 이들이 많다. 그러나 명심할 것은, 이들 눈썹과 속눈썹이 단지 미(美)를 위해 존재하는 것이 아니라 우리 눈의 소중한 건강을 지키는 중요한 도구라는 사실이다.

속눈썹과 눈썹은 우리의 눈을 보호하기 위해 끊임없이 일을 하는 얼굴의 부지런한 일꾼이다. 이들 속눈썹과 눈썹은 공중에 떠다니는 먼지나 가루 등과 같은 이물질이 각막에 닿아 각막을 상처내기 전에 차단하는 역할을 수행한다. 또한 눈에서 직접적으로 땀이 나는 것을 막는 기능도 가지고 있다.

결막

우리의 눈은 많은 층의 조직으로 구성되어 있다. 그중에서 눈꺼풀 내부를 가득 채운 투명한 막과 안구의 흰 부분을 덮고 있는 얇고 투명한 점막인 결막은 각막 외의 안구 전면을 덮고 있는 조직이다. 눈물 성분 중 점액을 분비하는 일은 결막을 구성하고 있는 일부 세포가 담당하고 있다. 외부 환경으로부터 눈을 보호하는 데 결막의 역할이 중요하며 그 이유는 결막이 외부 환경과 맞닿아 있기 때문이다. 이 결막은 공막에 부착되어 있고, 입이나 코처럼 점막 면으로 젖어 있다. 또한 결막은 눈물의 점액층을 형성하며, 점액소라 불리는 점액 같은 물질을 분비하는 세포들(포도잔 모양 때문에 술잔세포로 불리기도 한다)을 함유하고 있다.

또한 결막은 모세혈관을 함유하며 생명조직의 우주적 보호자인 백혈구가 눈의 표면에 도달하도록 돕는다. 결막과 공막 사이에는 상공막(episclera)이라 불리는 연결 조직층이 존재한다.

각막

일반적으로 검은자위라고 부르는 부분으로 혈관이 없고 투명한 조직이며, 안구 앞쪽 표면에 존재한다. 각막은 빛을 통과시키고 굴

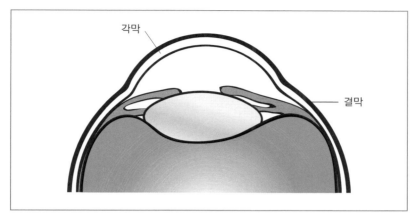

〈결막〉

절시켜 볼 수 있게 할 뿐만 아니라 눈을 외부로부터 보호하는 역할도 하고 있다.

각막은 눈의 중앙에 위치하기 때문에, 많은 사람들이 각막을 '눈의 창'이라 부르기도 한다. 각막은 3개의 주요 부분으로 나눌 수 있는데, 전체 두께의 약 10%를 차지하는 외부표면 상피, 각막 두께의 약 90%에 달하는 기질, 과다한 눈물을 제거함으로써 기질 팽창을 막는 내부 각막 안쪽 세포의 단일층인 내피가 그것이다. 결막으로 둘러싸여 있는 각막은 투명하다.

우리는 흔히 목욕탕에서 때를 민다는 표현을 사용하곤 한다. 여기에서의 때는 우리 몸의 피부에서 죽은 표면의 상피 세포를 의미한다. 때를 미는 것과 유사하게 각막은 규칙적으로 죽은 표면의 상피 세포

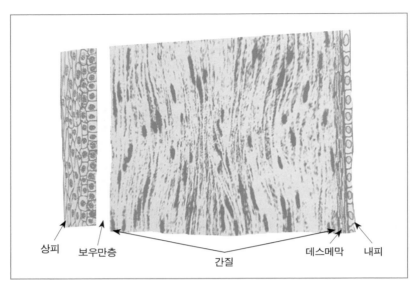

상피 보우만층　　　　　　　　간질　　　　데스메막 내피

〈각막─상피,기질,내피 구분〉

를 벗어버린다.

　사람의 피부는 지속적으로 세포분열을 일으킨다. 점막층의 세포
가 오래되어 죽어버리면 이것이 외부의 공기와 만나게 되면서 피부
로부터 떨어져 나가게 되는 것이다. 우리가 몸의 때를 밀기 전에 따
뜻한 물에 몸을 담그고 때를 불리는 것은, 이 죽어버린 세포인 각층
이 물에 잠기게 되면 수분을 흡수해 팽창하고 부어올라 때를 미는 것
이 수월해지기 때문이다.

　각막도 마찬가지로, 각막의 가장자리인 말초부에 자리한 막대세
포들은 노화된 세포들의 기능을 대체하며 중앙 각막의 세포들을 퇴

화시킨다. 퇴화된 세포들이 눈물과 함께 버려지는데, 이 눈물에 이상이 발생해 안구건조증이 나타나게 되면 각막의 막대세포들의 활동으로 인해 극도로 심각한 상황이 유발되기도 한다. 각막 흉터는 물론 심화될 경우 실명까지도 가능한 문제를 일으키게 되는 것이다.

동공과 홍채

눈에 빛을 들어오게 만들어 수정체와 함께 작동을 하면서 눈의 초점을 맞추게 만드는 기능을 수행하는 각막의 배후가 동공, 수정체의 앞쪽에 자리하고 있는 것이 바로 홍채이다.

홍채는 파란색, 갈색 혹은 담갈색 등과 같은 색깔을 제공하는 막을 가지고 있다. 동공은 색깔로 된 홍채 중심에 있는 검은 색의 작은 알갱이로, 실제 빛이 눈에서 망막까지 통과되는 구멍이다. 흔히 눈을

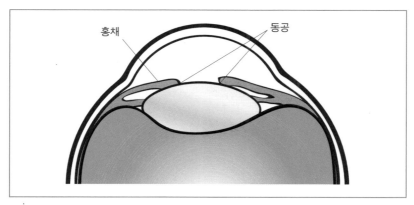

〈동공과 홍채〉

카메라에 빗대어 표현할 때 카메라의 렌즈 구멍과 같은 역할을 수행하는 것이 홍채이다. 홍채는 동공을 밝은 빛에서는 수축하고 어두운 빛에서는 팽창하게 하여 빛이 통과되는 양을 조절하는 조리개 기능을 담당한다.

전방과 수정체

각막과 홍채 사이에 존재하는 전방이라는 공간은 물을 함유한 체액으로 가득차 있다. 이 투명한 액체는 눈 안쪽의 세포들의 영양을 공급하게 되는데, 홍채의 후방에 부착된 섬모체에 의해 눈의 후방에서 만들어진다. 홍채의 뒤쪽에는 수정체가 있다. 수정체는 눈 안에서 앞 부분에 있는 구조물로 빛을 모아주는 역할을 하며 양면이 볼록한 무색 투명의 렌즈 모양을 하고 있다. 홍채 바로 뒤에 위치하며 모양

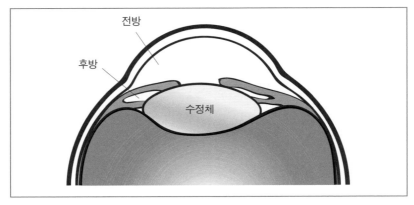

〈전방과 수정체〉

체 소대에 의해 매달려 있다.

수정체는 망막 위에서 반사하는 빛에 초점을 맞추기 위해 모양을 변화시킨다. 대상이 가까이 오면 그 이미지를 가장 잘 인지하기 위해 두꺼워지고, 대상이 멀어질 때는 더욱 명확하게 초점을 맞추기 위해 얇아진다.

유리체 방

수정체 뒤쪽에 있는 길고 둥근 영역은 유리체 방으로 불린다. 유리체 방은 안구의 구를 형성하는 것으로 유리체액이라는 젤리 비슷한 점성을 지닌 액체로 가득차 있다. 유리체 방 뒤쪽에는 망막이 있다. 망막은 카메라의 필름과 같은 기능을 수행하는 것으로, 빛이 각막과 수정체를 통과하여 투사된 대상이 그 속에 자리를 잡는다.

망막은 모두 10개의 층으로 구성되어 있는데, 빛에 대응하는 막대세포와 색깔에 대응해 빛을 전기적 자극으로 변환시켜 시신경과 뇌에 이르기까지 전달되는 신호로 만들어주는 원뿔세포 등과 같이 특별한 역할을 가진 세포들이 존재한다.

막대세포는 원뿔세포보다 20배나 많은 수로 나타나며, 원뿔세포는 기능을 위해 더욱 많은 빛을 필요로 한다고 알려져 있다. 이러한 세포들의 기능 차이로 인해 어둠 속에서는 색깔을 구별하는 것이 어려워지게 되는 것이다.

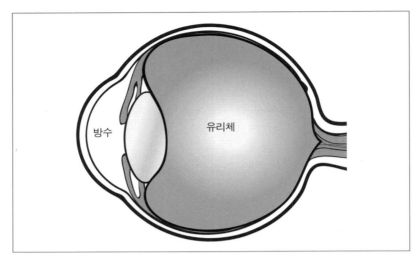

〈유리체 방〉

때로 우리는 어두운 색깔의 조각들이나, 부유물이 시야의 여기저기로 떠다니는 듯한 느낌을 받는다. 의사들은 이 부유물을 단순 부유물로 명명하는데, 망막 앞에 있는 유리체 액의 성숙분열과 분해 작용에서 발생한 세포의 찌꺼기이다. 보통 이러한 부유물들은 의식할 필요가 없는 것이지만, 갑자기 새로운 부유물들을 자각하게 된다면 안구 치료 전문가를 찾을 필요가 있다.

특히 빛의 플래시나 독특한 휘장과 같은 상이나 그림자를 동반하게 된다면 더더욱 전문가를 찾아야 한다. 평소와 다르게 여겨지는 부유물들은 때때로 망막이 찢어지거나 망막 박리 등과 같은 심각한 증상을 알려주는, 우리 눈이 우리에게 보내는 일종의 경고 메시지이기 때문이다.

황반

망막의 중심에는 '와'라고 알려진 조그만 함몰이 존재한다. 원뿔세포만으로 구성된 '와'는 시각적으로 가장 민감한 부분에 해당한다. 황반으로도 불리는 '와'로 둘러싸인 이곳은 시야의 중심 역할을 하거나, 말초의 시야에 대한 대립적인 측면에서 어떤 대상을 직접적으로 보기 위하여 우리가 사용하는 시야를 의미한다.

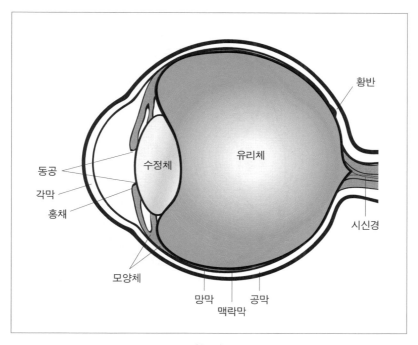

〈황반〉

황반은 눈의 각막과 동공 그리고 수정체의 중심에 수직으로 들어
온 빛이 맺히는 부위로 밝은 빛과 색, 형태의 감지에 관여하는 원뿔
세포가 매우 높은 밀도로 분포한다.

망막과 시신경

망막은 안구의 가장 내부에 있는 신경 조직으로 빛에 대한 정보를
전기적 정보로 전환하여 뇌로 전달한다. 망막은 망막과 공막 사이에
위치한 맥락막의 영향을 받는다. 맥락막은 정맥과 동맥들로 구성되

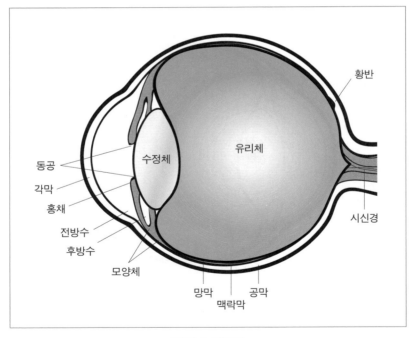

〈망막과 시신경〉

어 있으며, 몇 개의 층으로 이루어진 조직이다. 홍채를 둘러싸고 있는 백색 조직인 공막은 전체 안구 주위에 뻗어 있다.

시신경은 눈의 디스크라 불리는 구조물에서 출발해 눈을 떠나 뇌를 향한 여행을 떠난다. 시신경은 전기적 자극을 취해 망막에 기록하고 그것들을 뇌의 뒤쪽에 있는 시각 피질에 전달하여 자극들을 해석하게 만든다. 시신경은 복잡하고 섬세한 의학 관련 기기들을 사용하지 않고도 의사가 쉽게 병원에서 검사할 수 있는 유일한 부분이기도 하다. 또한 시신경은 녹내장이나 당뇨병, 여타의 안질환 등과 같은 질병들과 관련을 맺고 있어, 눈의 이상과 함께 우리 인체 내부에서 발생하는 문제들에 대한 중요한 정보를 제공하는 역할을 수행하기도 한다.

눈에서 발생할 수 있는
문제들

눈으로 어떠한 사람이나 사물을 본다는 행위는 상대적으로 단순하다. 카메라에 비유해 보자면 빛은 각막과 동공, 그리고 수정체를 통과하여 쏟아진다. 내부 눈 근육들은 빛이 망막에 비춰져 초점을 맞출 수 있도록 수정체의 모양을 조절하는 역할을 담당한다. 막대세포와 원뿔세포들은 빛을 전기적 자극으로 변환시켜 시신경에서 뇌까지 운반되도록 돕는다. 시각적 인지는 눈뿐만 아니라 뇌의 복잡한 처리과정을 거쳐 이루어진다. 뇌는 또한 약간의 차이를 보이는 두 눈에 들어온 상들을 조정하여 우리의 시야를 2차원에서 3차원으로 만들어 낸다. 이것이 바로 '시각 현상'이다.

우리 눈에는 정확한 사물의 형태를 맺기 위한 기관들이 있는데 그 기관 중 첫 번째 구조물이 초점을 맞추는 각막이다. 그 다음에는 수정체가 얇거나 두껍게 두께를 조절하여 가깝거나 먼 물체의 상을 정확히 망막에 맺히도록 한다. 망막에 맺히는 상은 위아래가 거꾸로 되어 있지만 뇌에서 그것을 올바로 해석하여 정확히 똑바로 인식하도록 만들어 준다. 망막의 광수용체의 밀도에 따라 시각의 정확도가 결정되어진다. 눈은 이처럼 다양한 구조물들의 연쇄적인 작용 혹은 동시적인 작용에 의해 움직이는 매우 복잡한 기관인 것이다. 또한 눈은 한의학적인 측면에서 살펴보면 사람의 오장육부와 매우 밀접한 관련을 맺고 있는 만큼, 눈에 이상이 발생하는 근본적인 원인은 우리 인체 내부의 장기들이 제대로 기능을 다하지 못하고 있기 때문이라 볼 수 있다. 따라서 우리의 인체 기관들과 연관되어 있는 눈과 시력 건강의 문제는, 그 문제가 나타남과 동시에 몸에 발생하는 일련의 문제들을 알려주는 신호가 되어주는 것이다.

우리 눈의 눈물에는 자연적인 항균 물질이 들어 있다. 눈은 특화된 요소들로 이루어진 복잡한 기관이며, 비록 많은 눈의 질환들이 있어도 시력을 잃는 일은 흔치 않다. 하지만 몇 가지 심각한 질환들, 이를 테면 각막궤양, 수정체의 중앙이나 전체에 생긴 백내장, 지속적인 눈의 감염으로 각막에 손상을 주는 트라코마, 류마티스 관절염과 관련되어 반복적으로 생기는 눈의 바깥쪽의 단단하고 흰 공막의 염증, 눈 안의 일련의 연결된 구조물인 포도막의 염증이 있다. 또한 눈 안의 방수가 동공으로 정상적인 배수가 되지 않아 눈 안의 압력이 올라가게 되는 급성 및 만성 녹내장, 망막의 혈관이 터져 생긴 심한 유리체 출혈, 눈의 뒤쪽에 받쳐주는 조직으로부터 망막이 분리되는 망막 박리, 당뇨병성 망막 염증, 망막의 중심부에 가까이 있는 상세한 시각을 담당하는 황반의 진행성 손상인 황반 변성, 망막의 유전성 진행성 변성인 망막 색소 변성 등으로 인해 눈의 구조물에 손상을 입게 되면 종래에는 시력을 잃게 되는 불행을 초래하기도 한다.

시각 기능의
이상

　시각 기능은 선천적으로 주어지는 지각 기능 중 가장 중요한 기능으로써, 주변 환경에 대한 많은 정보가 시각을 통해 수용되고 주변 환경 및 주변 사람들과 교감할 수 있게 한다. 눈은 매우 복잡한 생물학적 비디오카메라라고 할 수 있다. 시각적 인지는 눈뿐만 아니라 뇌의 복잡한 처리 과정을 통해 이루어지며, 양쪽 눈에 들어온 정보를 종합하여 3차원적인 상을 만들어 제공한다. 또한 뇌에서는 눈에서 들어온 정보와 기억이나 다른 감각을 통해 인지한 정보를 종합하여 사물의 의미와 구조를 파악한다. 대부분의 사람들은 평생 동안 언젠가는 시각 이상을 겪게 되는데 이런 시각 이상은 우리 주위에서 흔하게 발견할 수 있다.

가장 흔한 시각 이상은 굴절 이상의 형태로 멀리 있는 물체를 똑똑히 볼 수 없는 근시와 가까운 물체를 똑똑히 볼 수 없는 원시가 대표적이다.

근시는 안구가 각막과 수정체의 초점거리보다 긴 것, 즉 망막 앞에 초점이 맞춰지는 것을 말한다. 멀리 있는 물체에서 온 빛은 지나치게 휘어지고 굴절되어 망막 앞에 상이 맺혀서 상이 흐려지기 때문이다. 그래서 먼 거리 물체를 똑똑히 보기 힘들어지며 어린이의 경우 잘 보이지 않아 성적 관리에도 영향을 미치게 마련이다.

원시는 안구가 각막과 수정체의 초점거리보다 짧은 것, 즉 망막의 뒤에 초점이 맞춰지는 것을 의미한다. 가까운 물체에서 온 빛은 망막 뒤에 초점이 맞춰져서 상이 흐려지게 되기 때문이다. 대부분의 굴절 이상은 안경과 콘택트렌즈와 같은 도구로 교정할 수 있다. 또 다른 시각 이상으로는 하나의 물체가 두 개로 보이는 복시, 한쪽이나 양쪽 눈의 정상 시야의 일부를 잃어버리는 시야 결손, 눈이나 눈 주위의 일시적인 불편함이나 통증을 초래할 수 있는 눈피로, 색을 구별하는 능력이 정상 이하인 색맹, 그리고 시력을 거의 또는 완전히 잃어버리는 실명 등이 있다.

근시와 원시, 그리고 난시

안경이나 콘택트렌즈를 착용하는 이들의 대부분은 근시, 원시, 난시 그리고 노안 등과 같이 눈에 발생할 수 있는 일반적인 문제들을 가지고 있다. 이 질환들은 눈의 굴절문제로 유발되는 것들이다. 굴절은 수정체와 각막이 한쪽이나 양쪽 눈에 이미지를 전달하는 과정에서 잘못되었을 때 나타난다. 밝은 광선이 우리의 눈을 통과해 들어올 때, 각막과 수정체는 그 빛들을 굴절시키게 되는데 바로 이 과정에서 문제가 발생하게 되는 것이다. 상이 명확하게 맺히기 위해서는 수정체, 각막, 그리고 안구의 길이가 적절하게 맞물려 작용해야 한다. 그러나 적절한 작용과 협조가 이루어지지 않게 될 경우, 망막에 도달하는 상은 초점을 맞추지 못한다.

근시는 빛이 망막 앞쪽에서 초점을 맞출 때의 결과물이기도 한데, 가까운 범위에 있는 대상들에게만 초점이 맞추어진다. 근시를 가진

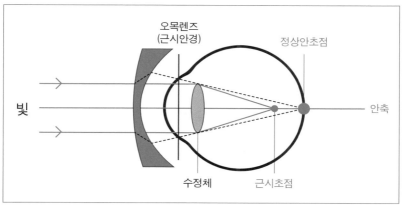

〈근시〉

많은 사람들은 약간 늘어진 안구를 가지고 있는데, 이는 밝은 광선이 망막까지 제대로 도달하지 못하게 만든다. 근시를 위한 가장 일반적인 치료법은 교정용 안경이나 콘택트렌즈를 착용하는 것이다. 과거에는 교정용 안경을 쓰는 것이 일반적이었지만, 의학 기술의 발전에 따라 현재에는 라식이나 다른 굴절 수술이 '굴절문제'를 해결하는 대중적인 치료법으로 자리매김하고 있다.

라식은 의과적 기술로 각막을 편평하게 만들어 빛이 망막으로 가는 여정상에서 발생할 수 있는 굴곡도를 줄여주는 수술이다. 그러나 라식 수술을 받았던 상당수의 사람들이 안구건조로 인한 고통을 호소한다.

한의학적으로 근시란 가까운 곳에 있는 물체는 명확히 보이지만 먼 곳에 있는 물체는 잘 보이지 않는 것이다. 근시의 원인은 작은 글씨를 오래 보거나 너무 가까이서 책을 보는 경우, 섬광과 같은 너무 밝은 빛이 있는 곳에서 작업을 하거나 장기간 독서하는 상황 속에서 음기는 너무 넘치고 양기는 부족해져 발생되는 것이다.

이와 같이 근시가 있을 경우 백복신, 백복령, 인삼 각 3냥, 원지, 석창포 각 2냥, 초결명, 석결명, 감국, 구기자, 백질려, 청상자 각 1냥을 가루 내어 꿀로 버무린 뒤 오자대 크기로 환약을 만든다. 하루 50~70환씩 세 번 맑은 찻물과 함께 복용한다.

원시는 가까이 있는 물체를 정확히 볼 수 없는 것으로 안구가 각막과 수정체의 초점거리보다 짧으면 원시가 생긴다. 상이 망막 뒤에 맺히는 것인데 가까운 물체를 볼 때 더 심하다. 가볍거나 심한 원시를 가질 경우 수정체의 조절로 초점을 맞추어 시력에 영향을 받지 않도록 하여야 한다. 나이가 많아질수록 모양체근의 수축력 및 수정체 탄력성의 변형으로 나타나게 된다.

한의학적으로 원시란 멀리 있는 물체는 뚜렷하게 보이지만 가까운 곳에 있는 물체는 잘 보이지 않는 것이다. 원시의 원인은 선천적으로 약하게 태어났다거나 노령으로 간장과 신장의 음기가 허해져서 발생된다. 근시와 달리 음기가 허하고 양기가 너무 넘쳐서 발생되는 것이다.

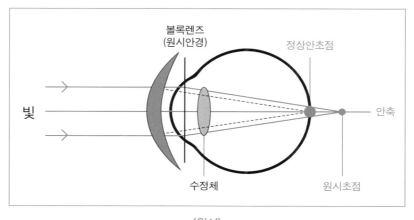

〈원시〉

이와 같이 원시가 있을 경우 숙지황, 천문동 각 4냥, 산약, 산수유, 지각, 감국, 각 2냥, 백복령, 석결명, 초결명, 구기자, 청상자, 백질려 각 1냥을 가루 내어 꿀로 버무린 뒤 오자대 크기로 환약을 만든다. 하루 50~70환씩 세 번 맑은 찻물과 함께 복용한다.

난시의 원인은 각막의 울퉁불퉁한 굴곡이다. 일반적으로 각막은 대칭적이지만, 난시를 가진 각막은 야구공처럼 둥근 것이 아니고, 험준하고 울퉁불퉁하거나 럭비공처럼 편평한 구역을 가지고 있다. 난시는 흔히 근시나 원시와 함께 나타나는 경우가 많고, 안경이나 콘택트렌즈로 치료가 가능하다.

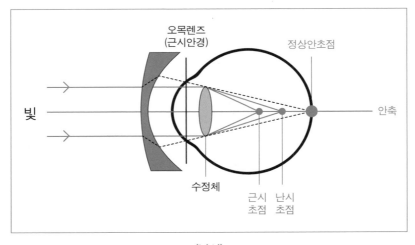

〈난시〉

한의학적으로 난시란 간장과 신장이 허하여 발생한 것으로 본다. 이때도 원시와 같은 처방을 사용할 수 있다. 숙지황, 천문동 각 4냥, 산약, 산수유, 지각, 감국, 각 2냥, 백복령, 석결명, 초결명, 구기자, 청상자, 백질려 각 1냥을 가루 내어 꿀로 버무린 뒤 오자대 크기로 환약을 만든다. 하루 50~70환씩 세 번 맑은 찻물과 함께 복용한다.

노안이란
무엇인가

노화 현상의 하나인 노안(老眼)은 또 다른 말로 노시(老視)라고 부르기도 하는데, 눈의 수정체에 탄성이 줄어들 때 발생하는 증상이다. 노안이 생길 경우 가까운 각도에서 초점을 맞추는 것이 어려워진다. 때문에 노안을 가진 사람들은 책이나 신문을 들여다볼 때 초점을 맞추기 위해 지나칠 정도로 가까이 들여다보는 경우가 많다.

수정체의 탄성이 작아지는 것을 '견고증상'이라 부르는데, 이는 노화에 따른 자연스러운 현상으로 주로 40세 이후의 연령대에서 흔하게 나타나는 질환에 해당한다. 눈의 수정체는 세포 섬유들로 구성되어 있는데, 나이를 먹어감에 따라 이 세포 섬유들은 극도로 탄성도가 줄어들게 만드는 더 많은 섬유들을 축적한다. 단단한 수정체는 노인성 원시의 원인이 된다.

문제는 이러한 노안을 가지고 있는 이들의 경우, 65세가 될 때까지 노안 현상이 급격하게 나빠지는 경향을 보인다는 점이다. 게다가 치료를 위한 처방 역시 급격한 심화 현상으로 치료 방법과 처방이 수년마다 달라지기 때문에 치료가 여간 까다로운 것이 아니다. 이렇게 심각해진 노안은 65세 이후부터 눈의 수정체가 모든 탄력을 잃어버리고 말기 때문에, 좋아지거나 개선될 여지도 없이 노안 단계로 고정되고 만다.

고령화 사회에서 노안 단계로 고정이 되는 나이가 65세라면 한창 사회생활을 하며, 직장이나 운동, 취미 활동 등 적극적으로 몸을 움직이고 활동을 할 시기가 되는 것이다. 그러나 급격한 노안 증상으로 인해 적지 않은 사람들이 일상생활에 불편함을 느끼며 정상적인 생활을 영위하는데 어려움을 겪고 있다.

노안을 가진 이들의 대부분에게서 찾아볼 수 있는 것은 읽기용 돋보기안경을 착용한다는 점이다. 노안 인구들은 중년의 나이에 접어들면서부터 아침에 신문을 읽거나 전화번호부를 들고 누군가의 전화번호를 찾을 때, 슈퍼나 편의점에서 물건을 사들고 뒷면의 라벨에

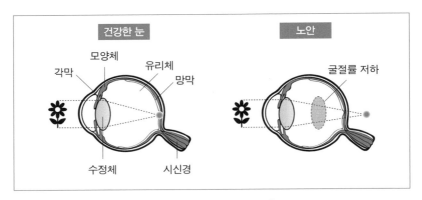

<건강한 눈과 노안의 차이>

건강한 눈은 모양체 근육이 수축과 이완을 잘해 사물의 거리에 따라 수정체 두께를
잘 조절한다. 그러나 노안은 가까운 곳을 집중해서 오래 보면 모양체 근육의 수축
상태가 지속되어 모양체가 수축하는 힘이 약해지고, 수정체 두께 조절도 이뤄지지
않아 가까운 거리를 잘 못 보게 된다.

붙여져 있는 상품의 상세 정보를 확인할 때 등과 같이 가까운 물체의
글자들을 읽을 때 초점을 맞추기에 어려움을 느낀다. 때문에 돋보기
안경처럼 활자를 크게 보여주는 도구를 선호하게 되는 것이다. 근시
를 가지고 있는 많은 이들은 중년 이후 원·근시 겸용 안경이나 3중 초
점 안경, 돋보기, 혹은 근시와 노인성 원시로 인한 시력 문제를 보완
해줄 콘택트렌즈를 착용하게 되는 것이다.

눈의 손상과
외상으로 인한 상처

섬세한 조직이자 매우 복잡한 구조로 이루어져 있는 우리의 눈은 그 만큼 외부적인 손상 요인에 쉽게 노출될 수 있다. 눈의 외상은 화학적인 화상, 자외선으로 인한 화상, 바람 등에 의해 눈에 들어간 이물질 등이 원인이 되어 발생한다.

이물질에 의한 눈의 손상

속눈썹, 먼지, 모래 알갱이, 티끌 등과 같은 이물질이 눈에 들어갈 경우, 우리의 눈은 그 즉시 통증을 느끼거나 무엇인가가 눈에 들어간 듯한 이물감으로 불편을 호소한다. 정상적인 경우라면 반복적인 눈깜박임을 통해 눈물을 흘림으로써 자연스럽게 이물질을 배출시키게 되지만, 이 눈물이 제대로 생성되지 않을 경우 이물질의 자연스러운 배출이 이루어지지 않게 된다. 이런 경우에는 눈에 불편함과 이물감을 주는 이물질을 식염수나 세척제 등을 통해 강제적으로 눈 외부로 배출시킬 수도 있다.

그러나 유리조각 등과 같은 이물질의 경우에는, 자연적인 눈물이나 강제적인 배출로 해결하는 것은 금물이다. 이러한 이물질은 날카롭기 때문에 단순히 씻어내 배출하는 것으로는 이물감의 문제를 해소시키는 것이 불가능하다. 유리나 나무의 날카로운 면들은 우리의 안구에 구멍을 뚫어버릴 수도 있고, 눈 안쪽에 깊숙이 자리잡아 스스로 이물질을 빼내는 것을 불가능하게 만들기도 한다. 때문에 유리조각이나 나무조각이 눈에 들어간 경우에는 즉시 병원을 찾아가 해당 이물을 제거해야 한다. 만약 병원을 찾지 않고 스스로 해당 이물질을 제거하려 한다면, 우리의 눈은 이물감과 함께 심각한 통증을 느끼게 되거나, 상처를 입게 될 수도 있다. 만약 이물질을 제거하는 과정에서 이물이 깨끗하게 사라졌다 하더라도, 각막에 외상이 생겼다면 항생물질이 포함된 인공눈물로 치료해야 한다.

화학적인 화상에 의한 눈의 외상

눈의 외상 원인 중의 하나인 화학적인 화상은 표백제, 암모니아, 합성세제 등과 같은 강력한 화학물질이나 독성물질이 눈의 표면에 직접적으로 접촉하게 될 때 발생한다. 눈에 아무런 보호도구 없이 청소를 하다가, 독한 락스와 같은 표백제 한 방울이 눈에 튀었던 경험을 가지고 있는 이들도 있을 것이다. 대부분의 경우 눈에 통증이 느껴지거나 화끈거림이 느껴진다. 이때 극소량의 화학 물질이라면 접촉이 발생한 즉시 눈을 씻어내면 괜찮아진다. 만약 이와 같이 화학물질에 의해 눈에 화상을 입었다면 최소 30분 이상, 반복적으로 흐르는 맑은 물로 눈을 씻어 남아 있는 화학물질을 제거해 주어야 한다.

그리고 상처의 정도에 따라 심각한 각막 손상이나 결막 손상, 눈꺼풀의 손상 등이 이루어졌을 가능성도 배제할 수 없는 만큼, "괜찮다, 괜찮아질 거야"란 안일한 생각으로 적절한 치료시기를 놓치지 말고 즉시 병원을 찾아가 정말 괜찮은지를 확인할 필요가 있다. 화학적인 화상에 의한 눈의 외상의 경우, 그 상태가 심할 경우 수술까지도 필요할 수 있다.

자외선에 의한 화상

자외선으로 인한 화상은 금형을 용접할 때 발생하는 일종의 불꽃과 빛, 혹은 겨울철 하얀 눈이 반사되어 우리 눈에 들어올 때 등과 같이 자외선 때문에 입는 외상이다.

화학적인 화상이든, 자외선으로 인한 화상이든 심각한 통증의 원인이 될 수 있는 가능성을 가지고 있다. 또한 빛에 예민하게 반응하고 민감해지는 민감증을 불러일으키거나, 화상의 정도가 심각할 경우 영구적인 시력 상실로 이어지는 사례도 있다.

멍

이밖에도 눈의 외상을 가져오는 원인들에는 싸움이나 사고, 교통사고 등과 같은 외부적인 충격에 의해 발생하는 것이 있다. 우리가 소위 '멍'이라 부르는 것들이다. 멍든 눈은 눈의 흰자위를 넘어 파손된 결막 혈관, 눈꺼풀 전위로 부풀어오름, 눈 주변의 조직이 부풀어오른 것을 의미한다.

타박상으로 인해 멍이 든 당신의 눈은 주변 사람들이 보기에는 다소 불편하거나 걱정스럽기는 하겠지만, 1~2주 정도의 시일이 지나면 깨끗하게 사라지기 때문에 크게 걱정할 필요는 없다. 그러나 복잡한 우리 눈의 구조상 타박상으로 인해 혹시 모를 이상이 발생했을 수도 있으니, 적어도 24시간 이내에 안과를 찾아가 눈을 검사해 안구에 심각한 손상이 없는지 확인하도록 한다.

눈꺼풀에서
발생하는 질환들

우리의 눈이 매우 복잡한 구조를 가지고 있다는 것은, 그만큼 다양한 질환을 앓을 가능성이 높다는 것이다. 예를 들어보자면 우리가 사용하는 컴퓨터는 전원 버튼을 시작으로 그 안에 매우 복잡한 구조들이 자리잡고 있다. 이들 구조물들의 작용으로 인해 컴퓨터를 활용할 수 있게 되는 것이다. 그러나 메인보드나 그래픽카드 등과 같이 컴퓨터를 구성하는 부품들 중 어느 한 가지가 제 기능을 발휘하지 못한다면 우리는 컴퓨터의 속도가 느려졌다거나 화면이 나타나지 않는다거나 하는 등의 문제와 마주치게 된다. 이와 유사하게 우리의 눈 구조를 형성하는 다양한 기관, 세포, 조직 등은 저마다 스스로의 작용을 멈추거나 과잉, 축소시키는 일종의 질환을 앓을 가능성을 가지고 있다.

다래끼

우리의 눈을 형성하는 다양한 구조와 기관들 중에서 눈꺼풀은 그 안에 함유된 특별한 분비샘들을 가지고 있다. 이들 분비샘에 문제가 발생할 경우에도 안구건조증이 유발될 수 있다. 먼저 우리가 흔히 눈 다래끼라 부르는 눈꺼풀 질환은 눈꺼풀 안에 존재하는 짜이스(Zeis) 샘, 몰(Moll's)샘, 마이봄(Meibomian)샘 등의 여러 분비샘이 제 기능을 수행하지 못해 발생하는 안질환 중의 하나이다.

다래끼(hordeolum)는 급성으로 보통 감염이 없는 염증을 일으킨 상태로 눈꺼풀 뿌리 뒤쪽에 마이봄(meibomian)샘을 여는데 장애를 받아 나타난다. 눈다래끼가 나면 눈꺼풀 가장자리가 붓고 아프게 되는데, 종종 각막 위에서 압박을 받게 되면 청색과 적색의 중간색을 띠는 시야가 생기기도 한다. 보통 다래끼는 점진적으로 발전하지만 수일 내에 사라진다.

칼라존

칼라존은 다래끼와 유사하게 마이봄샘의 문제로 인해 발생하는 안질환이다. 그러나 다래끼가 급성인 반면, 칼라존은 만성적인 형태로 나타난다. 통증이 없고 수주 이내에 사라지는 눈꺼풀 질환인 칼라

존이 만일 몇 주 이상씩 사라지지 않고 남아 있다면 안과 치료를 받을 필요가 있다.

안검염

다래끼 외에 눈꺼풀에 자주 발생하는 질환으로는, 눈에 이물질이 들어간 느낌을 주는 안검염(posterior blepharitis)이 있다. 안검염은 눈꺼풀의 가장자리에 생기는 염증을 의미한다. 이러한 안검염에 걸리게 되면, 눈과 눈꺼풀이 가렵고 타는 듯한 느낌을 받게 되며 눈꺼풀의 가장자리가 붉게 변한다. 눈 역시 마치 물기를 머금은 것처럼 보이는데, 특히 밝은 빛에 더욱 민감해지는 것이 특징이다.

이 안검염은 전방형과 후방형으로 나누어지는데, 전방형 안검염의 경우 박테리아 등과 같은 미생물이나 진드기 같은 기생충에 의해

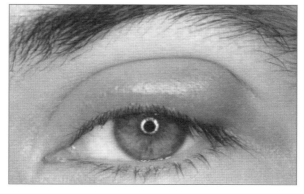

〈안검염〉

발병한다. 전방형 안검염의 특징은 속눈썹과 눈꺼풀의 가장자리 주변에 딱딱한 무엇인가가 생긴다는 점이다. 눈꺼풀의 염증이 눈꺼풀 안쪽에 생기는 것을 후방형 안검염이라고 하는데, 눈꺼풀 안에 있는 피지선에 문제가 생겼거나 여드름, 지루성 피부염, 알레르기 등이 원인이 되어 생긴다. 이 후방형 안검염의 경우 누액막을 불완전하게 형성시켜 안구건조증을 유발시키기도 한다.

안검하수

눈 성형을 고려하는 많은 여성들이 '안검하수'를 고민한다. 늘어진 눈꺼풀, 눈꺼풀 처짐을 뜻하는 안검하수는 눈꺼풀을 들어올리는 근육이 약해졌기 때문에 생기는 것이다. 노화로 인한 자연스러운 안검하수가 있는가 하면, 근무력증, 중풍, 당뇨병 등과 같은 다른 질환이 원인이 되어 생기는 안검하수도 있다.

〈안검하수〉

안검내반

눈꺼풀이 속으로 말리는 안검내반(entropion)은 윗눈꺼풀이나 아랫눈꺼풀이 속으로 말려 들어가는 것으로, 속눈썹이 각막에 닿기 때문에 눈에 상처를 입게 된다. 주로 노화 과정에서 발생하지만, 아토피성 피부염, 홍반성 낭창 등과 같은 질환이 원인이 되어 발생하는 경우도 있다. 또한 안검내반은 눈의 눈물을 바깥쪽으로 흐르게 만들기 때문에 눈에 건조함을 유발시키기도 한다. 주로 이물감이나 눈부심 등의 증상을 동반하고 심한 경우에는 궤양이나 시력 저하 등으로 이어질 수 있기 때문에 안검내반이 의심된다면 지체 없이 전문의를 찾아가 정확한 진단과 적합한 치료를 받을 것을 권한다.

결막염

가장 흔한 안질환 중의 하나인 결막염은 안구와 눈꺼풀, 각막의 가장자리까지 연결되어 있는 투명한 막인 '결막'에서 발생하는 염증을 뜻한다. 결막염의 원인으로는 박테리아나 바이러스 감염, 알레르기, 유독 물질, 눈물관이 막혔을 때, 안구건조 등이 있다. 또한 눈의 위생 상태가 좋지 않을 때 발생하기도 한다. 콘택트렌즈 착용자라면, 렌즈의 청결을 유지한다면 결막염을 어느 정도 예방할 수 있다.

결막염의 주요 증상은 눈의 충혈, 마치 모래나 미세한 티끌, 먼지 등이 눈 속을 돌아다니는 것 같은 껄끄러움과 이물감, 가려움, 눈곱

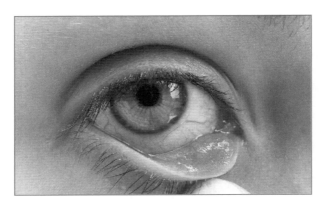

〈결막염〉

(눈물이 방출되면서 형성한 딱딱한 외피) 등이다. 빛에 민감해질 수 있으며, 청색과 적색의 중간색 시야가 나타나기도 한다.

공막염과 공막 주변의 염증도 안질환으로는 흔하게 나타난다. 눈의 이상이 원인이 되기도 하지만, 류머티스 관절염, 낭창 등과 같은 계통질환으로 인해 눈에 문제가 생겨 발생하기도 한다.

한의학적으로 결막염은 급성 세균성 결막염을 폭풍객열이라 하여 발병이 매우 급성적이고 백정에 작열동통이 있고 홍적, 부종 등이 나타나는데 혈이 혼탁하거나 성격이 조급하고 심하게 과로하여 그 화기가 혈분에 성할 때 쉽게 발생한다고 되어 있다.

또 바이러스성 각결막염을 천행적목이라 하며, 증상은 폭풍객열보다 경미하나 전염성이 강한 것이 특징이라고 본다. 만성 결막염을 백삽이라고 하며 폭풍객열과 천행적목이 오래되거나 풍습열사가 비폐경에 잠복해 있다가 눈에 영향을 미치거나 간신이 허약한 가운데 그 허화가 상승하여 눈에 영향을 미쳐 나타난다고 보고 있다. 또 그 외에도 계절에 따라 반복적으로 발생되는 소양감이 극심한 결막염을 시복증이라 하고 바이러스 감염으로 발생되는 포진성 결막염을 금감이라 하며 구별해 접근하고 있다.

각막염

각막의 염증을 뜻하는 각막염은 그 진행 상태에 따라 심각한 눈의 문제를 야기하기도 한다. 각막은 매우 섬세하고 민감한 조직으로 이물질이나 태양빛, 자외선 등을 비롯해 각종 외부적인 자극에 의해 쉽게 상처를 입거나 감염당할 수 있다. 이때 각막이 입는 상처는 감염

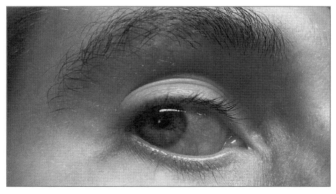

〈각막염〉

으로 이어지거나 심각할 경우 궤양으로 발전할 수 있다. 또한 각막은 안검염과 같은 눈의 다른 부분에서 발생하는 질환들에 의해서도 영향을 받는다.

한의학적으로 각막 관련 질환 중에는 '적막하수'라는 것이 있다. 이것은 각막부종을 일으키는 데 중요한 역할을 하는 신생혈관이 한 번 발생되면 소실되지 않고 그물처럼 남아 있는 것을 말한다. 또 포진성 각막염과 유사한 '취성장'이 있는데 이것은 흑정에 미세한 별점 같은 혼탁이 나타나서 한 부위에 취합되기 때문에 이렇게 불리게 되었다.

흑정의 주위는 융기되고 중앙은 표면이 괴함되어 백색을 띠는데, 각막의 반흔 및 궤양의 형태와 비슷한데 이를 '화예백함'이라고 한다.

또 세균성 각막궤양의 증상과 비슷한 '응지예'는 곪은 곳에 응고된 동물기름 같은 것이 달라 붙어 있는 것이다. 이 외에도 여러 각막 관련 질환이 동의보감에 기술되어 있다.

시야를 위협하는
심각한 안질환들

인간이 살아가면서 행복하다고 느끼는 순간을 만드는 것, 이것들을 일컬어 오복(五福)이라 부르는 이들이 있다. 우리의 눈 건강이 왜 중요한 것인가는 이 오복 중에서 세 번째 복에 해당하는 강녕(康寧)에서 찾아볼 수 있다. 강녕은 우리의 몸과 마음이 함께 편안한 상태에 놓여 있는 것을 의미한다. 흔히 "건강한 신체에 건강한 정신이 깃든다"고 말하는 것처럼, 인간의 행복을 가늠하게 만드는 조건들 중에는 '건강'을 빼놓고 말할 수는 없는 것이다. 이 건강을 위협할 수 있는 것이 바로 우리 눈에서 발생하는 크고 작은 질환들이다.

앞서 살펴본 일반적인 안구질환 외에 우리의 눈에 발생하는 다양한 시력 질환과 질병들의 주요 원인은 노화와 유전에 의한 것이다. 특히 나이를 먹어감에 따라 자연스러운 노화 현상과 함께 찾아오는 안질환들은 중장년층은 물론 노년층의 삶의 질까지도 저하시키는 심각한 사회적 질병으로 볼 수 있다. 널리 알려져 있는 시력 질환 중 대표적인 것들이 백내장과 녹내장, 황반변성, 그리고 망막박리 등과 같은 질환들이다. 이들 시력 질환은 가능한 한 빠른 진단과 치료를 요한다. 만일 해당 안구질환들을 가지고 있음에도 불구하고 당신이, 자신의 증상과 병증에 적합한 치료를 받지 않는다면 '시력 상실'이라는 엄청난 결과로 이어질 수 있기 때문이다.

백내장

먼저 백내장은 중·장년층 사이에서 가장 일반적으로, 흔하게 볼 수 있는 눈의 질환이다. 지난 2013년 한 해 동안, 한국 사람들이 쓴 요양급여비용 중 노년층의 요양급여비용은 34.5%에 달했다. 이 고령자들이 수술을 위해 가장 많이 입원한 병의 이름이 바로 '백내장'이다. 지난 한 해에만 18만여 명의 환자들이 백내장으로 입원했다. 백내장은 60세를 넘긴 거의 모든 사람들에게서 단계적으로 찾아볼 수 있는 안질환에 해당하지만, 최근에는 40대 중·장년층에게서도 흔하게 볼 수 있는 질환으로 알려지고 있다.

눈의 수정체에 구름이나 안개가 낀 것처럼 뿌옇게 보이는 백내장

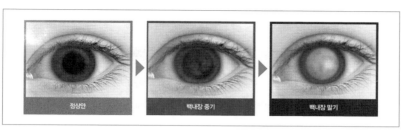

〈백내장 진행 상태〉

은 청색과 적색의 중간색을 띠는 시야, 밝은 빛을 제대로 볼 수 없거나 야간에 시야가 불명확해지는 시야 손상, 빛 주변부를 볼 때 마치 달무리를 보는 것처럼 테두리가 져 보이는 훈륜 등의 증상을 보인다.

환자가 많은 만큼, 수술 기법도 발전해 거의 완벽한 치료가 가능한 안질환으로 꼽힌다. 그러나 백내장을 방치할 경우 실명까지 이를 수 있으므로 시야가 흐려진다거나 눈에 피로감이 생긴다거나 사물이나 사람이 두 겹으로 보이는 복시 현상이 나타났다면 즉시 안과를 찾아 백내장의 발병 여부를 확인해야 할 것이다.

한의학 문헌에서 백내장은 성숙 백내장으로 원예내장, 활예, 삽예, 부예, 황심예, 빙예 등으로 되어 있고, 초기 및 미숙 백내장은 앙월예, 침예, 산예, 횡예, 조화예 등으로 되어 있으며, 합병성 백내장으로는 여금내장, 은풍내장, 금화내장 등으로 표현되어 있다.

대부분 노년에 체력이 허약한 가운데 간장과 신장이 허해져서 음기는 부족하며 화기는 넘치게 되어 발생 한다고 본다. 또 비허실운하여 정기가 눈으로 상승하지 못해서 발생될 수도 있고 간경의 풍열이나 적열, 혹은 습열이 위로 치받쳐 올라가 눈앞이 흐릿해지고 잘 보이지 않게 된다고 쓰여 있다.

백내장의 치료를 위해서는 간신양경이 허약해져서 나타난 경우에는 기국지황환이나 주경환가감을 사용하며 원인에 따라 서로 다른 처방을 활용하여 치료하게 된다.

기국지황환은 목적종통, 허화상염, 시력감퇴, 두혼목현과 간장과 신장이 허한 것을 치료하는 데에 쓰이는 처방이다. 숙지황, 산약, 산수유, 구기자 각 160g, 백복령, 모란피, 택사, 감국 각 120g을 가루 내어 벌꿀에 버무려 환으로 만든다. 한 번에 10~12g씩 따뜻한 물로 빈속에 먹는다.

육미지황환에 구기자, 감국을 더 넣은 것이다. 간신음이 부족하여 현기증이 나고 눈이 잘 보이지 않으며 눈알이 깔깔하고 아플 때, 바람을 맞으면 눈물이 날 때, 현기증이 나고 잠을 이루지 못하며 허리와 다리에 힘이 없을 때 쓴다. 음허양성 때의 고혈압증에 쓸 수 있다. 위의 약을 가루 내어 벌꿀로 환약을 만든다. 한 번에 10~12g씩 따뜻한 물로 빈속에 먹는다.

주경환은 간장과 신장이 모두 허하여 눈앞이 항상 어두컴컴하고 검은 꽃이 많이 보이며, 예장이 있고 바람이 불면 눈물이 나는 것을 치료하는 처방이다. 처방 구성은 화초, 저실(약간 덖은 것), 오미자, 구기자, 유향, 인삼, 숙지황 각 40g, 토사자(술에 담갔다가 찐 것), 육종용(술에 담근 것) 각 20g을 가루 내어 꿀에 버무려 0.3g이 되게 환약으로 만들어 연한 소금물과 먹는다. 심신이 허하고 기혈이 부족하여 눈이 잘 보이지 않는 데 쓴다.

녹내장

녹내장은 과다한 안구 압박으로 인해 눈 신경에 점진적인 손상이 발생한다. 눈 신경이 악화되면서 실명에까지 이를 수 있는 중대한 질환이기도 하다. 특히 당뇨병 환자라면 반드시 치료를 해야만 한다. 의학계에서는 당뇨병을 가진 이들이 실명에까지 이를 수 있는 심각한 안질환으로 녹내장, 황반변성, 백내장을 3대 실명 질환으로 꼽고 있다.

녹내장은 급성 녹내장과 만성 녹내장으로 구분된다. 만성 녹내장의 경우 노화 현상이 시작되는 중·장년층과, 원시를 가지고 있는 이들에게 일반적으로 나타나는 질환이다. 급성 녹내장은 녹내장이 급속도로 빠르게 진행되는 것으로 보통 한쪽 눈에서 청색과 적색의 중간색을 띠는 시야가 나타나고, 빛 주변에서의 훈륜, 눈의 격심한 통증, 눈 충혈 등의 증상을 보인다.

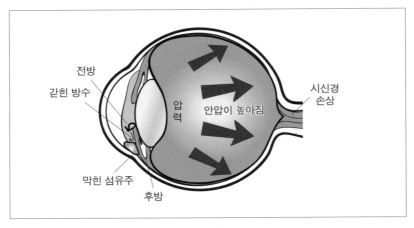

〈녹내장〉

안압이 높아져 시신경과 혈관이 위축되고 홍채가 각막쪽으로 이동하여 유출각이 닫히게 되고 방수 배출이 원활하지 못함.

　　이러한 녹내장은 '소리 없는 시신경 살인자'라는 별명을 가지고 있을 만큼, 증상이 악화되기 전까지는 녹내장의 발병 여부를 알아차릴 수 없다. 급성의 경우 증상이 빠르게 악화되어 나타나지만, 만성은 천천히 오랫동안 진행되는 것으로 증상이 어느 정도 나타났을 때면 이미 녹내장이 상당히 진행되어 있는 경우가 많다. 이러한 녹내장은 안압 검사 등과 같은 다소 간단한 검사를 통해 초기에 진단할 수 있는 안질환이므로, 본인이 당뇨병과 같은 만성 질환을 앓고 있거나 원시, 중·장년층에 해당한다면 정기적으로 안과 검진을 받아보는 것이 좋다.

한의학 문헌에서 녹내장은 뇌두풍(급성 원발성 폐쇄우각 녹내장에서처럼 심한 두통이라는 자각 증상), 편두풍, 동인산대(급성 원발성 폐쇄우각 녹내장에서 안압 상승으로 동공 반사가 결여되어 나타나는 증상), 청풍내장, 녹풍내장, 황풍내장(만성 녹내장), 흑풍내장(만성 녹내장), 오풍내장 등으로 표현되어 있다. 원인은 칠정내상으로 인한 감담화열 때문에 출현하거나 풍화가 상충하여 나타나고 혹은 음허화왕 기혈불화하여 나타난다고 되어 있다. 녹내장의 치료를 위해서도 원인과 증상을 잘 살펴 서로 다른 처방을 활용하여 치료하게 된다.

급성 녹내장에 쓰는 처방인 대청룡탕은 석고 2돈1/2, 마황 1돈1/2, 행인 1돈1/4, 계지, 대추 3/4돈, 감초, 생강 1/2돈 이상을 물 600cc에 넣어 300cc로 줄어들 때까지 달인다. 복용은 100cc씩 3번으로 나누어 한다. 눈의 심한 통증과 구토증, 메스꺼움, 동공확대, 두통 등의 증상을 다스린다.

비교적 초기 단계의 녹내장에는 월비가출탕을 사용하는데, 처방 구성은 석고 2돈, 마황 1돈반, 백출 1돈, 대추 3/4돈, 감초 1/2돈, 생강 1/4돈 이상을 물 600cc에 넣어 300cc로 줄어들 때까지 달인다. 복용은 100cc씩 3번으로 나누어 한다. 불빛을 보면 무지개나 달무리가 보이거나, 충혈이 있고, 눈과 머리가 아프면서 눈동자가 혼탁해지는 증상을 다스린다.

눈에 극심한 통증과 충혈이 있을 경우에는 결명자 3돈, 영양각, 차

전자초, 목통 각 2돈, 초룡담주초, 치자초 각 1돈1/2, 황금주초, 승마 각1돈, 감초 5분을 물 600cc에 넣어 300cc로 줄어들 때까지 달인다. 복용은 100cc씩 3번으로 나누어 한다.

만성 녹내장의 경우에는 시호가용골모려탕을 사용한다. 처방 구성은 시호 1돈1/4, 반하 1돈, 계지, 복령 각 3/4돈, 황금, 인삼, 대추, 용골, 모려 각 0.65돈, 대황 1/2돈 이상을 물 600cc에 넣어 300cc로 줄어들 때까지 달인다. 복용은 100cc씩 3번으로 나누어 한다.

황반변성

황반은 망막의 중심점을 담당하고, 중심 시야를 책임지는 신경조직이다. 시세포의 상당수가 이 황반에 자리하고 있고, 우리가 눈으로 보는 대상물의 상이 맺히는 곳이기 때문에 시력에 가장 중요한 영향을 미치는 곳이다.

중·장년층에게서 흔하게 볼 수 있는 황반변성은 침전물의 형태와, 망막과 맥락막 조직을 지탱하는 층 사이에 위치하는 황반지역에서 혈관들이 자라나는 질환이다. 이들 침전물과 혈관들은 중심 시야의 심각한 손상을 초래한다.

황반에 변성이 생기기 시작하면 시력이 감소되고, 사물이 찌그러져 보이거나 원래의 형태와 다르게 보이는 증상인 변시증이 나타나게 된다. 초기 단계의 황반변성은 레이저 치료를 통

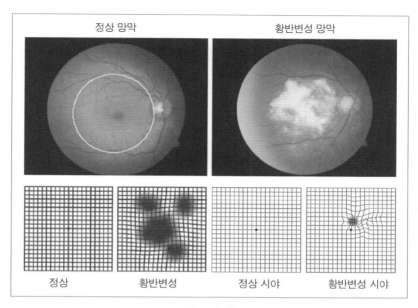

정상 망막 | 황반변성 망막

정상 | 황반변성 | 정상 시야 | 황반변성 시야

〈황반변성〉

해 누출 혈관들을 치료할 수 있는데, 정교함이 요구되는 치료이기 때문에 망막 질환을 치료한 경험이 풍부한 전문의에게서 진료 및 치료를 받는 것이 좋다.

황반은 흔히 '눈 속의 눈'이라 불려 그곳에는 시세포 중에서도 사물의 색과 윤곽을 뚜렷이 구별하게 해주는 원추세포가 밀집해 있어 중심 시력을 담당하기 때문에 대단히 중요한 역할을 담당하고 있다. 한의학에서는 청맹이 황반변성에 해당한다. 황반변성을 유발하는 원인은 명확하게 규명되진 않았지만 노화와 밀접한 관련이 있다.

한의학에서는 간 기능 저하로 기혈 순환이 원활하지 못하여 정혈이 눈으로 가지 못하거나 선천적으로 정기가 부족한 체질에 욕망을 절제하지 못하여 간신이 손상되므로 눈에 영양을 공급하지 못하거나 시력의 과도한 남용 등을 원인으로 본다.

초기 증상으로는 글자들이 흔들려 보이게 되고 직선이 굽어보이며 책이나 신문을 볼 때 공백으로 보이는 부분이 있게 된다. 사물의 모양이 찌그러져 보이거나 색이 왜곡되어 이상하게 보이고 시야가 흐릿해진다.

망막박리

망막박리는 우리의 망막이 손상이나 상처를 입거나, 노화로 인해 망막이 찢어져 구멍이 생기는 열공, 망막의 감각신경층과 색소상피층이 분리되는 박리 등으로 구분된다. 주요 증상으로는 바로 자신의 눈앞에서 플래시가 터지는 것과 같은 느낌, 부유물, 청색과 적색의 중간색 시야, 시야 일정 부분에 지는 그림자 등이 있다. 망막박리는 보통 수술로 정상화시킬 수 있으며, 레이저나 동결 요법 등을 통해 박리의 진행을 막기도 한다.

이처럼 다양한 안질환들은 우리의 눈과 시야에 결정적인 영향을 미치고 있으며, 그 증상이 심해질 경우 최종적으로 실명에까지 이를 수 있는 위험을 안고 있다. 이들 질환이 보이는 문제들은 안구건조증을 동반하거나, 안구건조를 심화시키는 원인이 되기도 한다.

3장

한의학적 안질환 치료법

마음의 건강이 곧 눈의 건강이다.

사람의 아들아!
번영이 너에게 생기더라도 기뻐하지 말고, 비천(卑賤)이 너에게 닥치더라도
슬퍼하지 말 일이니, 둘 다 사라져 없어지기 때문이니라.

정신 건강이
곧 육체의 건강

1980년대 건강에 대한 세계보건기구의 정의는 '정신적 육체적 사회적 안녕 상태'였지만 근자에 이르러 '영적 정신적 사회적 육체적 안녕 상태'로 바꾸었다. 다시 말해 건강을 정의 내리는 데 영적이라는 개념이 추가된 것이다. 여기에서 영적인 건강 개념이 등장된 것은 우리가 건강하게 삶을 영위하는 데 있어서 종교가 차지하는 비중이 높아졌기 때문일 것이다.

2006년 『브리태니커백과사전』의 연감에 따르면 세계의 종교 인구는 전체 인구의 85.8%에 육박한다고 한다. 하지만 한국의 종교 인구는 전체 인구의 50% 정도다. 이 상황을 단순화시켜 본다면 우리나라 사람들은 종교적인 영적 관심보다는 좀 더 현실적인 삶에 더 충실하고자 한다는 것을 알 수 있다.

현실에 충실한 삶이란 끊임없이 선과 악을 나눠야 하고 현실의 집착 세계에서 부득불 자기가 최고라는 생각을 가지고 이기적인 자기애에 집착하며 살아가는 삶이라 할 수 있다. 또한 너와 나의 비교 의식 속에 너보다는 내가 상대적으로 더 좋고, 내가 더 아름다우며, 내가 더 많이 소유하고 있으니 더 행복하다는 생각 속에 매 시간 비교하면서 행복을 느끼는 삶이 현실에 충실한 삶이라 할 수 있겠다.

사람, 물건 등 어떤 대상에 있어서도 오로지 내가 좋아하는 대상만을 선택하고자 하고, 내가 싫어하거나 미워하는 대상은 선택하고자 하지 않는 것을 추구하니, 이 현실의 삶에서 누가 이렇게 살 수 있겠는가? 누구도 이렇게 살 수 없으니 행복은 잡히지 않는 잠깐의 신기루일 뿐, 현실에서 진실하거나 영원한 행복을 맛볼 수 없다. 진정한 행복이란 현실에 집착하며 사는 소유적 삶이 아니라 현실에 초탈하여 모든 것 속에 완전과 만족과 사랑과 자비를 볼 줄 아는 눈과 의식을 갖게 되는 참 자유적 삶인 것이다.

의식의 지평. 우리는 매 순간 삶의 다양한 형태 속에서 끊임없이 의식의 지평을 넓혀야 한다. 그것이 우리 모두의 목표요, 삶의 가야 할 길인 것이다. 외부로 드러난 모습이나 형태, 결과보다는 그 속에

내밀하게 담겨 있는 자기의 의식이 관건인 것이다. 자신이 어떤 상태에 있건 그것은 전혀 중요한 것이 아니다. 중요한 것은 바로 그 상태에서 갖는 그 사람의 의식이다. 보이기 위한 모든 행동에서 벗어나 자신이 진정으로 경험하고자 하는 그것이 무엇인지를 매 순간 매 자리에서 찾아 행할 때 우리의 삶은 맺히는 바 없어 어떤 것에도 거리낌 없고 더욱 자유로워진다. 또한 안정과 평화 속에 수많은 별들과 태양처럼 아름다움과 반짝이는 빛남으로 이처럼 광대한 세계와 그처럼 무한한 우주를 감탄과 희열 속에 바라볼 수 있는 것이다.

우리가 만나는 모든 것들, 광물, 식물, 동물 그리고 인간, 더불어 미지의 신비의 세계, 어느 세계에서나 오로지 유일성이라는, 단 하나만이 존재하는 세계 속에 나만이 최고라는 것은 이루어질 수 없는 망상이요 꿈일 뿐이다. 왜냐하면 내가 최고라면 누구나 모든 것이 최고일 수밖에 없고 내가 최저라면 역시 누구나 모든 것이 최저일 수밖에 없기 때문이다. 하지만 최고다, 아니다 이런 것은 실재로 존재하는 것이 아니다. 모든 것은 그저 그럴 뿐인 것이다. 끊임없는 비교의 의식은 우리를 기쁘게도 하고 슬프게도 하며 때론 분노하게도 한다. 하지만 비교란 똑같은 모양 똑같은 성질 등을 가지고 비교하는 것이지 전혀 똑같음이 존재하지 않는, 즉 오로지 특별하고 유일한 것만으로 이루어진 이 세계, 저 드넓은 우주 속에는 비교라는 말은 일고의 가치도 없는 전혀 가당치 않는 언어인 것이다. 그저 그것이 존재하고 있을 따름이다. 그럼 왜 비교란 단어가 있고 최고란 단어가 있겠는가? 그것은 바로 의식의 지평을 넓히고자 하는 우리들의 갈망 때문인 것이다. 자유의지를 가진 인간만이 자각하는 과정 속에 빛을 향해 가고 싶기 때문인 것이다.

사람은 누구나 최선을 다해 삶을 완성하고자 하고 건강한 인생을 살고자 한다. 하지만 이 최선을 다하여 바라보는 시각은 가치 기준에 따라 달라지는 듯 하고 건강한 인생도 바라보는 가치 기준에 따라 역시 달라질 수도 있는 것 같다.

건강과 최선인 삶을 위해 마음의 평화가 가장 중요한 요건이다. 그런데 이 마음을 가장 잘 나타내 주는 도구가 있으니 그것이 바로 눈이다. 건강과 최선을 다해 인생을 살고자 하는 사람은 어떤 상황 조건에서나 어둠이 아닌 빛을 바라보는 긍정적인 시각을 가지고 있다.

건강의 표징은 소통에 있다. 마음이 이곳저곳에 걸림이 없이 자유로우면 마음을 따라 도는 기운도 이 곳 저 곳 막힘없이 소통될 것이며 기운을 따라 도는 피도 장애 없이 온 몸에 자유자재로 소통될 것이니 이것이 바로 건강의 표징이다.

반대로 병의 표징은 맺히고 뭉치고 쌓이는 것이다. 마음이 상에 갇혀 이것에도 걸리고 저것에도 걸리면 마음을 따라 도는 기운도 이리 저리 맺히고 걸릴 것이며 이 기를 따르는 피도 따라 뭉치고 쌓이고 결릴 것이니 어느 부위가 맺히고 결리느냐에 따라 병의 부위가 달라질 뿐 모든 병의 원인은 막힘이 바로 그 원인이다. 마음이 평화로우면 기운도 평화롭고 기운이 평화로우면 기를 따라 도는 혈도 평화로울 것이니 온 몸이 다 평화로운데 어디에 병이 들어오겠는가?

이 마음의 평화가 깨진 것이 곧 병인데 현 시대를 사는 사람은 나를 포함하여 이리 저리 쓸 마음이 너무도 많은 것 같다. 마음이 이처럼 번잡하니 몸이 번잡하지 않을 수 없다. 매 순간 매 자리 밥 먹을 때, 밥 먹고 잠 잘 때, 잠자며 만날 때, 만나고 헤어질 때, 헤어지며 웃을 땐 웃고 슬플 땐 슬퍼하면 그 뿐인데 어찌 이런 저런 생각 관념 가치관 시비관속에 갇혀 복잡다단한 행위를 하니 그것이 곧 걸림이어서 마음도 기운도 피도 걸리고 맺혀 온 몸과 마음이 부자유하다. 그래서 누군가는 말하기를 "한 생각을 일으키면 죄다"라고 했다. 단순하지만 참 맞는 말이다. 이렇게 바른 소리를 해주면 즉각 알아채야 하는데 여기에 또 질문하기를 "한 생각을 일으키기 전에는 무엇인가?" 하니, 그 죄가 얼마나 깊고 클 것인가! 그저 심플, 단순하게 살 일이다.

오장의 마음이 걸림 없이 자유로워야 오장의 기운도 자유로울 것이고 오장의 피들도 자유로울 것이니 당연히 오장 병이 생기지 않는다. 간장의 마음이 걸림없이 자유로워야 간병이 생기지 않는다. 그럼 간장의 마음이란 무엇인가? 그것은 용감과 열정, 결의, 절도 정의로움, 충직 책임감 등이다. 이런 마음이 간장을 살찌게 하고 건강하게 하는 마음이다. 이 마음을 가지면 간장의 기운이 올바로 작동되고 피도 바람직하게 작동되므로 오장의 모든 기능이 평화롭다. 하지만 간장이 분노 만용 부정의 등의 마음을 가지면 간장은 괴로움을 느끼게 된다. 괴로움을 느끼다가 정도가 지나치면 드디어 맺히고 결려 간병이 되게 된다. 간장에도 목화토금수 오행 기운이 다 들어 있으며 심장에도 비장 폐장 신장에도 다 목화토금수 오행의 기운이 다 들어 있다. 인체도 소우주지만 간장도 그 소우주에 소우주고 다른 장기도 다 마찬가지이며, 우리 몸이 세포단위로 되어 있다고 하는데 이 세포들도 다 극소우주인 것이다.

동의보감에 이런 표현이 있다.

"오장육부의 정기는 다 눈으로 올라가기 때문에 장부의 정기가 나타나게 된다. 뼈의 정기는 눈동자가 되고 신에 속하며, 힘줄의 정기는 검은자위가 되고 간에 속하며, 기의 정기는 흰자위가 되고 폐에 속하며, 혈의 정기는 외자 내자(안과 밖의 눈초리)가 되고 심에 속하며, 육(肉)의 정기는 아래위 눈두덩이 되고 비위에 속한다. 눈동자와 검은자위는 음기를 받고 흰자위와 붉은 핏줄은 양기를 받기 때문에 음기와 양기가 합해져서 정명(精明)이 된다.

　인체의 모든 부분의 혈기는 다 소화기인 비토(脾土)에서 받아 위로 올려 보내어 눈을 밝게 한다. 그러므로 소화기가 약해지면 오장의 정기를 눈으로 보내지 못해 눈이 밝지 못하게 된다. 모든 육체적 질병을 치료하고자하면 비토 즉 소화기를 정상화시키는 것이 가장 우선이며 중요한 이유가 바로 이런 이유 때문인 것이다. 그러나 대부분의 사람들은 눈병을 치료할 때 소화기인 비위를 잘 조리하여 혈을 영양하게 하고 정신을 안정시켜야 한다는 것을 모른다. 이것은 병의 표면만 치료할 뿐 근본 치료에는 관심이 없는 것이니 심히 안타까울 뿐이다."

눈 건강을 위해
알아두어야 할 경혈과 경락

12경맥의 기본 요혈, 오수혈

한의학에서는 안질환을 치료하기 위해 경혈과 경락을 알고 자극하는 것이 중요하다. 한의학에서 경혈학은 경락이론에 근거를 두고 전개되었고, 경락이론은 생리, 병리, 진단, 약리, 그리고 침구치료학 등 다방면으로 응용되어 왔다. 특히 질병이 생길 때는 그 질병 때문에 기인된 반사점이나 과민점이 있는데, 이 지점을 치료점으로 규정하는 경락 선상에 존재하는 경혈은 수많은 경험과 체험이 누적되어 비롯된 것이다.

경락이란 경혈과 경혈을 연결하는 기혈순환의 일정한 반응선으로서 내부로는 오장육부와 연결되고, 외부로는 피부와도 연결되는

데, 기혈의 생리적 현상과 병리적 현상의 반응선을 경락이라 한다. 침구 치료란, 이 경락선 상에 존재하는 경혈에 침과 뜸을 사용하여 자극을 가하며, 그 자극으로 균형을 잃은 음양 기혈의 병리적 상황이 정상적인 생리적 평형의 상태로 되돌아오는 것이다.

경락 중의 12경맥은 수족부의 삼음(태음, 소음, 궐음), 삼양(태양, 소양, 양명)과 오장육부의 명칭을 배속하였는데, 내장질환이 발생할 경우, 그 내부 장기에 해당하는 경맥의 일정한 부위의 피부에 통증이 생기게 되고, 그 해당 장기에 질병이 생겼음을 알 수 있으므로, 진단과 치료방면에서 상호 연계하여 활용할 수 있다.

12경맥에는 수태음폐경 좌우 각 11혈, 수양명대장경 좌우 각 20혈, 족양명위경 좌우 각 45혈, 족태음비경 좌우 각 21혈, 수소음심경 좌우 각 9혈, 수태양소장경 좌우 각 19혈, 족태양방광경 좌우 각 63혈, 족소음신경 좌우 각 27혈, 수궐음심포경 좌우 각 9혈, 수소양삼초경 좌우 각 23혈, 족소양담경 좌우 각 43혈, 족궐음간경 좌우 각 14혈로 되어 있어 좌우 각 303혈, 총 606혈로 구성되어 있다.

이 12경맥의 혈 중 특히 중요하고 기본적인 요혈을 오수혈이라 한다. 이는 상지의 팔꿈치 아래, 하지의 무릎 아래에 목, 화, 토, 금, 수 5행 혈, 즉 목혈, 화혈, 토혈, 금혈, 수혈 이렇게 5개의 혈이 각 경맥의 좌우에 존재하고 있다. 그래서 직접적으로 침구 치료를 시행하지 않

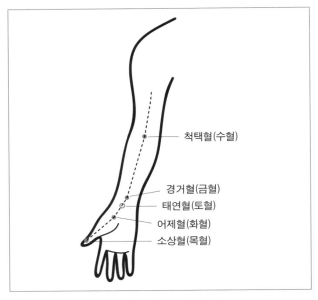

〈수태음폐경 오수혈 분포〉

더라도 팔꿈치 아래와 무릎 아래를 가볍게 치거나, 지압하는 등 자극을 주면 전신 기혈의 순환이 순조롭게 되므로 우리 인체 전신이 보다 더 건강하게 되는 것이다.

12경맥의 병리적 반응

수태음폐경의 외부 경맥상 반응으로 인한 증상은 오한 발열, 땀이 없거나 혹은 땀을 흘림, 코 막힘, 두통, 가슴 통증, 어깨와 등 통증 등이며, 내부 장부상 연계로 인한 증상은 가래를 동반한 기침, 숨쉬기가 곤란하며 목구멍이 건조하고 목구멍에서 가래가 맺힌 소리가 난다.

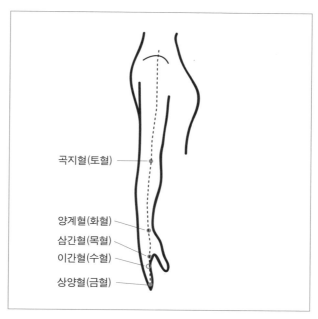

곡지혈(토혈)

양계혈(화혈)
삼간혈(목혈)
이간혈(수혈)

상양혈(금혈)

〈수양명대장경 오수혈 분포〉

가슴 답답해서 안절부절하고, 손바닥이 뜨겁다. 배가 가득찬 것 같고 대변이 무르거나 설사를 한다.

수양명대장경의 외부 경맥상 반응으로 인한 증상은 발열, 갈증, 목구멍 통증, 코피, 치통, 눈이 빨갛고 통증, 어깨와 팔뚝 통증, 식지 마비감 등이며, 내부 장부상 연계로 인한 증상은 배꼽 주변 통증 혹은 움직일 때 복통 있음, 대변 무르거나 설사 혹은 황색 점액변을 배출, 간혹 천식으로 인한 호흡 가쁨 등이다.

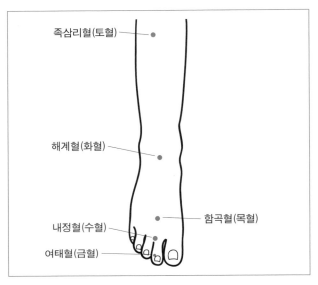

족삼리혈(토혈) ─●

해계혈(화혈) ─●

내정혈(수혈) ─── ●── 함곡혈(목혈)

여태혈(금혈) ───

〈족양명위경 오수혈 분포〉

　족양명위경의 외부 경맥 상 반응으로 인한 증상은 고열 혹은 학질, 안면홍조, 땀 흘림, 정신이 혼미하고 헛소리를 하고 안절부절, 가끔 오한이 있거나 눈이 아프고 코가 건조하거나 코피, 입술에 무언가 생김, 목구멍 통증, 입이 돌아가거나 가슴 통증, 하지가 붉어지거나 붓거나 통증 혹은 하지가 찬 느낌 등이 있다. 내부 장부상 연계로 인한 증상으로는 복부 팽창감, 복수가 있거나 불면증, 시도 때도 없이 먹고 또 먹음, 황색 소변 배출 등이 있다.

　족태음비경의 외부 경맥상 반응으로 인한 증상은 머리가 무겁다,

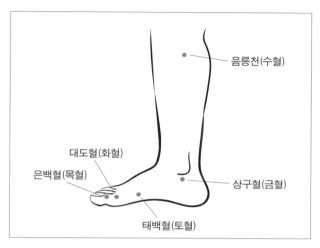

〈족태음비경 오수혈 분포〉

몸이 무겁다, 몸에 열이 난다, 수족에 힘이 없다, 혀가 부자연스럽다, 하지 대퇴부와 무릎이 차갑다, 혹은 하지 부종 등이다. 내부 장부상 연계로 인한 증상은 위 부위 통증, 대변 무르거나 설사, 소화되지 않은 변 배출, 장에서 소리가 남, 메스껍고 구토, 복부 덩어리 느낌, 음식양 감소, 배꼽 주변 통증 혹은 움직일 때 복통 있음, 대변 무르거나 설사 혹은 황색 점액변을 배출 혹 황달, 소변불리 등이 있다.

수소음심경의 외부 경맥상 반응으로 인한 증상은 몸에 열이 난다, 두통, 눈이 아프다, 가슴과 등 통증, 목구멍이 마르다, 갈증이 나고 물을 많이 마신다. 손바닥이 뜨겁다, 안쪽 어깨 통증 혹은 수족이 차다 등이 있다. 내부 장부상 연계로 인한 증상은 심장부위 통증, 가슴과

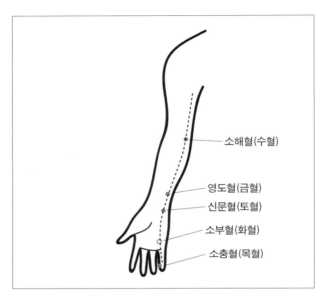

소해혈(수혈)

영도혈(금혈)

신문혈(토혈)

소부혈(화혈)

소충혈(목혈)

〈수소음심경 오수혈 분포〉

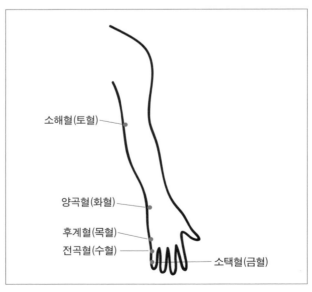

소해혈(토혈)

양곡혈(화혈)

후계혈(목혈)

전곡혈(수혈)

소택혈(금혈)

〈수태양소장경 오수혈 분포〉

옆구리가 가득찬 듯 통증, 옆구리 아래 통증, 마음이 안절부절, 불면증, 정신장애 증상 등이 있다.

수태양소장경의 외부 경맥상 반응으로 인한 증상은 입과 혀가 헐거나 아래턱이나 뺨 부위 통증, 목구멍 통증, 눈물 흘림, 항강증, 바깥쪽 어깨 통증 등이 있으며, 내부 장부상 연계로 인한 증상으로 하복부 창만과 통증, 허리로 연결되는 방산통증, 고환 당기는 느낌, 설사 혹은 변비 등이 있다.

족태양방광경의 외부 경맥상 반응으로 인한 증상은 두통, 목이 뻣

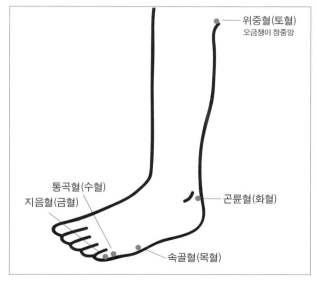

〈족태양방광경 오수혈 분포〉

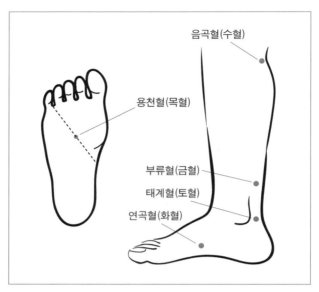

〈족소음신경 오수혈 분포〉

뻣함, 요추와 척추 통증, 코 막힘, 눈 통증과 눈물, 뒤쪽으로 하지 통증 등이 있으며, 내부 장부상 연계로 인한 증상으로 하복부 창만 및 통증, 소변불리, 소변 배출 못함, 소변 찔끔거림, 의식장애 등이 있다.

족소음신경의 외부 경맥상 반응으로 인한 증상은 척추 통증, 요통, 하지족부 찬 느낌, 다리에 힘이 없다, 입이 마름, 목구멍 아픔, 내측으로 하지족부 통증, 발바닥 통증 등이 있다. 내부 장부상 연계로 인한 증상은 어지러움, 안면부종, 얼굴색이 석탄처럼 검다, 모호한 시각, 호흡이 거칠고 급하며 항상 졸음이 온다. 또한 불안하고 가

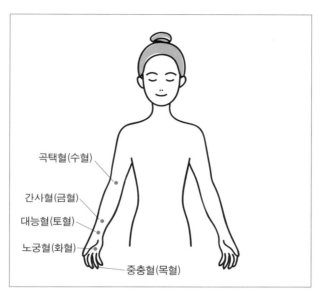

〈수궐음심포경 오수혈 분포〉

습이 답답하며, 설사, 메스껍고 구토감, 복부창만 등이 있다.

　수궐음심포경의 외부 경맥상 반응으로 인한 증상은 머리와 목이 뻣뻣함, 수족경련, 안면홍조 혹은 눈 통증, 겨드랑이가 붓고 아프다. 손바닥 열감 등이며, 내부 장부상 연계로 인한 증상은 헛소리가 심하고, 의식장애, 가슴이 답답하고 불안하며, 가슴 옆구리 늑골부위 팽만감, 말을 못함, 가슴 두근거림, 심장부위 통증, 미친듯이 웃으며 웃음을 그치지 못함, 정신 이상 등이 있다.

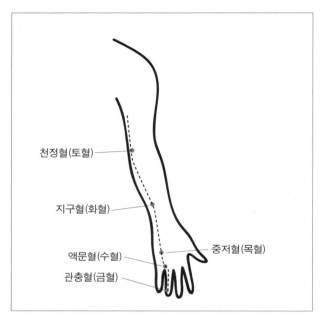

〈수소양삼초경 오수혈 분포〉

천정혈(토혈)
지구혈(화혈)
중저혈(목혈)
액문혈(수혈)
관충혈(금혈)

　　수소양삼초경의 외부 경맥상 반응으로 인한 증상은 목구멍 붓고 통증, 뺨 부위 통증, 눈이 붉고 통증, 귀에서 농이 나거나 귀 뒤쪽과 어깨 바깥쪽 통증 등이 대표적이다. 또한 내부 장부상 연계로 인한 증상으로는 복부 팽만, 복부 아래가 단단하고 통증, 소변 막혀 못 봄, 소변 자주 봄, 피부 부종 등이 있다.

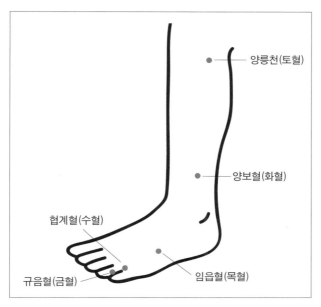

양릉천(토혈)

양보혈(화혈)

협계혈(수혈)

규음혈(금혈)

임읍혈(목혈)

〈족소양담경 오수혈 분포〉

족소양담경의 외부 경맥상 반응으로 인한 증상은 추웠다 더웠다
함, 두통, 학질, 얼굴색 숯처럼 검다, 하악 통증, 겨드랑이 붓고 아픔
등이 있고 내부 장부상 연계로 인한 증상으로는 옆구리와 늑골 부위
통증, 구토, 입이 쓰다, 가슴 통증 등이 있다.

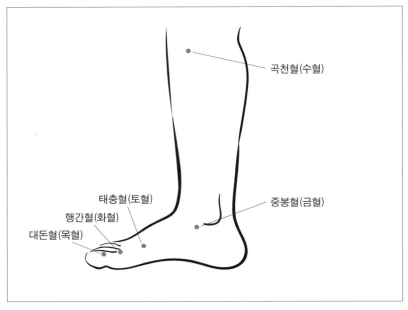

곡천혈(수혈)

태충혈(토혈)

행간혈(화혈)

대돈혈(목혈)

중봉혈(금혈)

〈족궐음간경 오수혈 분포〉

족궐음간경의 외부 경맥상 반응으로 인한 증상으로 두통, 어지럽
다, 모호한 시력, 이명증, 발열이 나고 심하면 수족경련 등이 있으며
내부 장부상 연계로 인한 증상으로 옆구리와 늑골 창만 및 통증, 복
부 덩어리 만져짐, 복통 구토, 혹은 황달, 매핵기(목구멍에 무언가 있어
서 뱉으려고 해도 나오지 않고 삼키려고 해도 삼켜지지 않는 증상), 새벽
설사 등이 있다.

눈앞이 뿌옇고
잘 안 보여요

"어느날 갑자기 눈앞이 뿌옇고 안개가 낀 듯 명확히 보이지 않아요."

"눈 바깥쪽으로 충혈이 되고 모래가 들어간 것처럼 이물감과 함께 통증을 느껴져요."

"눈알이 속으로 말려 들어가는 것 같아요"

"안구에 출혈이 일어나고, 밥맛도 없고, 소화가 잘 안 되는 것 같아요."

위와 같은 눈의 증상 중 어느 한 가지 이상 증상이 나타나는 경우, 한의학적으로는 **위장이 허해서 발생한 것**으로 판단한다. 따라서 오행침법으로 위장을 보해주는 위정격, 즉 양곡혈과 해계혈을 보하고 임읍혈과 함곡혈을 사한다.

한의학에서는 허약함을 보할 때 정격이란 용어를 사용한다. 이는 '허즉보기모'라 하여 허할 때는 그 모혈을 보한다는 의미다. 또한 각 장기는 그 성격에 따라 다음과 같이 간담은 목, 심장 소장은 화, 비위는 토, 폐 대장은 금, 신장 방광은 수 등 다섯 가지로 나눈다. 이 장기들은 서로 도와주기도 하고 해치기도 하는데 이를 '오행 상생', '오행 상극'이라고 한다.

오행 상생이란 목생화(목이 화를 생한다), 화생토(화가 토를 생한다), 토생금(토가 금을 생한다), 금생수(금이 수를 생한다), 수생목(수가 목을 생한다)을 의미한다. 오행 상극은 목극토(목이 토를 극한다 혹은 이긴다), 토극수(토가 수를 극한다 혹은 이긴다), 수극화(수가 화를 극한다 혹은 이긴다), 화극금(화가 금을 극한다 혹은 이긴다), 금극목(금이 목을 극한다 혹은 이긴다)이다.

또한 위경, 담경, 소장경에는 다섯 가지 혈인 오수혈이 있다. 위경의 오수혈은 목혈 함곡혈, 화혈 해계혈, 토혈 족삼리, 금혈 여태혈, 수혈 내정혈, 담경의 오수혈은 목혈 임읍혈, 화혈 양보혈, 토혈 양릉천혈, 금혈 규음혈, 수혈 협계혈, 소장경의 오수혈은 목혈 후계혈, 화혈 양곡혈, 토혈 소해혈, 금혈 소택혈, 수혈 전곡혈이다.

이렇듯 위장은 토에 해당하고 토를 살리는 것은 화이므로 위장이 허할 때는, 화에 해당하는 소장의 화혈인 양곡혈을 보하고, 위경의 화혈인 해계혈을 보하는 것이다. 또한 오행상 위장을 극하는(이기는) 장부가 목의 장기인 담이므로 담경의 목혈인 임읍혈을 사하고, 위경의 목혈인 함곡혈을 사하는 것이다.

한약요법으로는 위장의 음액이 부족해져 내부에 열이 지나치게 되면 위장이 허약해지는데 그 증상으로는 가슴이 답답하고 발열, 갈증이 나며 허기가 느껴지지 않고, 식욕이 없다. 이럴 때는 사삼, 맥문동, 가느다란 생지황, 옥죽 각 1돈 이상에 물 600cc를 넣고 물이 300cc로 줄어들 때까지 약한 불에 달인다. 복용은 100cc씩 3번으로 나누어 한다.

또한 위장의 음액 부족이 아닌 양기 부족으로도 위장이 처지고 무기력해지는데 그 증상으로는 온몸이 무기력하며 음식을 먹어도 소화가 안 되고 음식을 먹고 나면 변이 무르거나 설사가 나온다. 이럴 때는 보중익기탕, 즉 황기 3돈, 인삼, 백출, 감초 각 2돈, 당귀신, 진피 각 1돈, 시호, 승마 각 6분 이상에 물 600cc를 넣고 300cc로 줄어들 때까지 약한 불에 달인다. 복용은 100cc씩 3번으로 나누어 한다.

마지막으로 위가 허하면서 음식을 먹지 못할 때는 양위진식탕을 복용한다. 창출 16g, 인삼, 백출 각 8g, 진피, 후박, 백복령, 구감초 각

5.6g, 신곡초, 맥아초 각 4g 이상에 물 600cc를 넣고 300cc로 줄어들 때까지 약한 불에 달인다. 복용은 100cc씩 3번으로 나누어 한다.

가만히 있어도
눈물이 줄줄 흘러요

"모아주는 느낌으로 외사시가 있어요."

"눈이 너무 건조해요."

"늘 눈이 빨개요."

"가만히 있어도 눈물이 줄줄 흘러요."

"눈자위가 유난히 시커메요."

"산만하고 겁이 많아요."

"눈이 침침하고 옆구리가 아파요."

이 외에도 근시이거나 근시처럼 눈이 밝지 않고 얼굴이 검
고 거칠며 힘줄이 늘어지고 심할 경우에는 머리와 눈이 어

지러울 경우, 안압이 증가하는 녹내장인 경우, 시력이 상실되거나 통증이 있는 경우, 색맹이나 야맹증이 있는 경우까지, 이와 같은 증상 중 어느 한 가지 이상의 증상이 나타나면 한의학적으로는 **간장이 허해서 발생한 것**으로 판단하여 오행 침법으로 간정격, 즉 음곡혈과 곡천혈을 보하고 경거혈과 중봉혈을 사한다.

앞서 말했듯이 오행 상생과 오행 상극에 따라 침을 놓는다. 간장은 목에 해당하므로 '수생목' 즉, 수의 혈을 찾아 보해주어야 한다. 또한 간장을 이기는 금장부인 폐를 사해야 한다. 이때 간경, 신장경, 폐경의 오수혈을 알아야 한다. 간경은 목혈 대돈혈, 화혈 행간혈, 토혈 태충혈, 금혈 중봉혈, 수혈 곡천혈, 신장경은 목혈 용천혈, 화혈 연곡혈, 토혈 태계혈, 금혈 부류혈, 수혈 음곡혈, 폐경은 목혈 소상혈, 화혈 어제혈, 토혈 태연혈, 금혈 경거혈, 수혈 척택혈이다.

위의 혈에 따라 수에 해당하는 장기인 신장경의 수혈인 음곡혈을 보하고, 간경의 수혈인 곡천혈을 보한다. 또한 간장을 오행상 극하는(이기는) 장부인 금의 장기인 폐의 혈을 사해야 하므로 폐경의 금혈인 경거혈을 사하고, 간경의 금혈인 중봉혈을 사하는 것이다.

한약요법으로는 상기 증상 중 하나 이상이 있으면서 음혈이 부족하고 목구멍과 혀가 마르고 건조할 경우에는 음혈을 보강하여 간 기능을 정상화시킬 수 있는 사삼, 맥문동, 당귀신, 생지황, 구기자, 천련자 각 2돈 이상에 물 600cc을 넣고 300cc로 줄어들 때까지 약한 불에 달인다. 복용은 100cc씩 3번으로 나누어 한다.

또 상기 증상 중 하나 이상이 있으면서 가슴이 열나는 것 같고 불안하며 불면증이 있고 이유 없이 가슴이 두근거리거나 잠을 자기만 하면 땀을 흘리는 증세, 목구멍과 혀가 건조하고 마를 경우에는 산조인초 4돈, 맥문동, 지모 각 3돈, 백복령, 천궁 각 2돈, 건강 구감초 각 6분 이상에 물 600cc을 넣어 300cc로 줄어들 때까지 약한 불에 달인다. 복용은 100cc씩 3번으로 나누어 한다.

마지막으로 음혈이 부족하고 가슴이 열나는 것 같고 불면증이 있으며, 머리가 어지럽고 자주 분노하는 사람에게는 인삼, 당귀, 숙지황, 백작약, 구감초, 산조인초 각 2돈 이상에 물 600cc을 넣어 300cc로 줄어들 때까지 약한 불에 달인다. 복용은 100cc씩 3번으로 나누어 한다. 이렇게 하면 보혈하고 기를 더하게 하며 정신을 편안하게 하여 치료되는 것이다.

눈 전체가
가려워요

"아폴로 눈병 혹은 유행성 결막염인 것 같아요. 눈이 빨갛게 충혈 되고 눈 전체가 가렵고 따가워요."

"눈물이 계속 나고 눈이 가려워요. 꼭 무언가 눈에 붙어 있는 것 같아요."

"이유 없이 눈이 시어서 눈물이 줄줄 나요."

"눈이 편하지 않아 눈을 뜨고 있기가 싫어요."

"밤에 불을 끄면 아무 것도 안 보여요. 야맹증 같아요."

이와 같은 증상 중 어느 한 가지 이상의 증상이 나타나는 경우, 한의학적으로는 **간장에 열이 넘쳐서 발생한 것으로**

판단하여 오행 침법으로 간한격, 즉 척택혈과 곡천혈을 보하고 소부혈과 행간혈을 사한다.

열이 넘쳐서 병이 들 때는 찬 기운으로 보하고 열 기운을 깎아 내려서 치료하는데, 찬 기운을 넣어준다는 의미로 한격이란 용어를 사용한다. 찬 기운의 장부와 혈은 수장부이고 수혈이며 열기운의 장부와 혈은 화장부와 화혈이다. 그러므로 간장이 열이 넘칠 때는 간장의 수혈과 간장을 이기는 장부인 폐경의 수혈을 보해야 하고 심경의 화혈은 사하고 간장의 화혈도 사해야 한다.

열이 넘칠 때는 간장은 목에 해당하므로 목을 이기는 장부는 폐가 되고, 폐장부의 수혈은 척택이므로 척택혈을 보하고, 간경의 수혈인 곡천혈을 보하는 것이다. 간장의 화혈은 행간혈이고, 심장경의 화혈은 소부혈이므로 행간혈과 소부혈을 사하는 것이다.

한약요법으로는 용담사간탕을 사용한다. 눈이 충혈 되고 붓고 아프며 눈물이 많고 입이 쓰고 목구멍이 마르고 가슴에 열이 나고 마음이 불안하다. 또한 손과 발을 잠시도 가만히 두지 못하고 옆구리가 아프고 소변이 탁하고 간혹 피가 비치는 등의 증세가 나타나는데 이는 간에 열이 넘쳐서 이루어진 증상이라고 본다.

초룡담, 시호, 택사 각 2돈 목통, 차전자, 적복령, 생지황, 당귀, 치자, 황금, 감초 각 1돈 이상을 물 600cc에 넣고 300cc로 줄어들 때까지 약한 불에 달인다. 복용은 100cc씩 3번으로 나누어 한다.

특히 이 용담사간탕 처방은 급성 요도염, 임질, 질염, 방광염, 냉대하, 자궁내막염, 음부가 가렵고 아플 때, 고환염, 고환부 습진, 간경변증, 구내염, 난소 질환, 단독, 당뇨병, 유행성 이하선염, 음낭수종 등에도 많이 사용하는 한약 처방이다.

눈 안쪽이
가려워요

환자를 진료하다보면 눈 안쪽, 즉 눈 내자가 특히 가려워 괴롭다는 경우가 있는데 이것은 심장의 화기 때문이다. 과거에 시집살이를 심하게 하면 가슴이 답답해 가슴을 치면서 죽겠다고 하는 경우가 있다. 바로 이러한 증상이 울화, 즉 심장에 화가 차서 발생하는 심화 때문이다.

일반적으로 심화가 넘치면 가슴이 열이 나고 불안하여 불면증이 있게 되며, 웃음을 그치지 않아 계속해서 미친 듯이 웃고, 정신이 나가 듯이 함부로 엉터리 말을 한다. 또한 쉽게 얼굴이 빨개지고 목구멍이 마르며, 갈증이 심해 물을 계속 마시는 증세와 가슴 부위에 침으로 찌르는 듯한 통증,

간혹 피를 토하거나 코피를 흘리고 소변색도 붉고 노랗다.

상기 증상은 한의학적으로는 **심장에 열이 넘쳐서 발생한 것**으로 판단하여 오행 침법으로 심한격, 즉 음곡혈과 소해혈을 보하고 소부혈과 대도혈을 사한다.

열이 넘쳐서 병이 들 때는 찬 기운으로 보하고 열 기운을 깎아 내려서 치료하는데, 찬 기운을 넣어준다는 의미로 한격이란 용어를 사용한다. 찬 기운의 장부와 혈은 수장부이고 수혈이며 열기운의 장부와 혈은 화장부와 화혈이다. 그러므로 심장이 열이 넘칠 때는 심장의 수혈과 심장을 이기는 장부인 신장경의 수혈을 보해야 하고 심장경의 화혈은 사하고 심장이 생하는 장부인 비장경의 화혈도 사해야 한다.

열이 넘칠 때는 심장은 화에 해당하므로 화를 이기는 장부는 신장이 되고, 신장경의 수혈은 음곡이므로 음곡혈을 보하고, 심장경의 수혈인 소해혈을 보하는 것이다. 비장의 화혈은 대도혈이고, 심장경의 화혈은 소부혈이므로 대도혈과 소부혈을 사하는 것이다.

한약요법으로는 주사안신환을 사용하는데, 열이 심한 데는 찬 성질의 황련으로, 가슴이 답답한 것과 습열을 없앨 수 있는 주약으로 사용한다. 또한 달고 찬 성질의 감초와 생지황으로 화를 사하고 기를 보하며 음혈을 북돋아주기 위해 신약으로 사용하며, 당귀는 혈 부족을 보하고, 주사는 떠도는 화를 진정시켜 정신을 편안케 하는 것이다. 황련 24g, 주사 20g, 감초, 생지황 각 14g, 술로 씻은 당귀 10g을 가루 내어 끓는 물에 불린 증병으로 반죽한 다음 기장쌀 만하게 알약을 만든다. 복용은 20~30알씩 입에 넣고 녹여 먹는다.

물건이
둘로 보여요

"물건이 둘로 보여요. 난시가 생긴걸까요?"

"위아래 눈두덩이가 부었어요."

"자꾸 속눈썹이 눈을 찔러서 너무 불편해요."

"다래끼가 나으면 또 나고, 나으면 또 나고 해요."

상기 증상은 한의학적으로는 **비장이 허약하여 발생한 것**으로 판단하여 오행 침법으로 비정격, 즉 소부혈과 대도혈을 보하고 은백혈과 대돈혈을 사한다.

비장이 허약해지면 복통이 있더라도 배를 눌러주면 시원하다 하고, 식사량은 적어져도 소화를 잘 못시키며, 대변은 질게 보거나 혹은 설사를 한다. 또 얼굴색이 누렇게 뜬 병색이며 조금만 움직여도 쉽게 피로해져 눕고 싶어 한다. 사지가 차고 잘 부으며 사지가 수척해지기도 한다.

비장이 허할 때는 비장은 토에 해당하므로 토의 모장부의 모혈은 심장의 화혈이 되므로 심장경의 화혈인 소부혈을 보하고, 비경의 화혈인 대도혈을 보하는 것이다. 또한 비장을 오행상 이기는 장부는 목의 장기인 간이고 이기는 장부와 혈을 사해야 하므로 간경의 목혈인 대돈혈을 사해야 하고, 비경의 목혈인 은백혈을 사하는 것이다.

한약요법으로는 여러 종류의 한약을 사용하는데 음식을 먹으면 꼭 설사하는 경우에는 삼령백출산 처방은 인삼, 백출, 백복령, 산약 구감초 각 6돈, 의이인, 연자육, 길경, 사인, 백편두 각 3돈 이상에 물 600cc을 넣어 300cc로 줄어들 때까지 약한 불에 달인다. 복용은 100cc씩 3번으로 나누어 한다. 이 삼령백출산은 위장허약, 식욕부진, 전신권태, 구토하리, 위부비만, 심계, 붕류, 대하, 장결핵, 만성 위장염에도 많이 사용되는 처방이다.

또한 보중익기탕을 사용하는 경우도 많다. 즉 위장의 양기가 부족해서 위장이 처지고 온 몸이 무기력하며 음식을 먹어도 소화가 안되고 음식을 먹고 나면 변이 무르거나 설사가 나올 경우 역시 위장이 허약해지고 무력해지는데 보중익기탕, 즉 황기 3돈, 인삼, 백출, 감초 각 2돈 당귀신, 진피 각 1돈, 시호, 승마 각 6분 이상에 물을 600cc 넣어 300cc로 줄어들 때까지 약한 불에 달인다. 복용은 100cc씩 3번으로 나누어 한다.

눈곱이 너무
많이 생겨요

"양파나 마늘을 깔 때 남들보다 심하게 맵고 따가워 눈물이
나고 에려요."
"눈의 흰자위를 보면 붉은 힘줄 같은 막이 덮여 있어요."
"눈곱이 너무 많이 자주 생겨요."
"눈곱이 많이 끼기는 하는데 덩어리가 되지는 않아요."

이 외에도 백내장, 안검하수 등의 증상은 한의학적으로는
폐장이 허약하여 발생한 것으로 판단하여 오행 침법으로
폐정격, 즉 태백혈과 태연혈을 보하고 소부혈과 어제혈을
사한다.

폐장이 허할 때는 폐정격을 사용하는데, 폐장은 금에 해당하므로 금의 모장부의 모혈은 비장의 토혈이 되므로 폐장경의 토혈인 태연혈을 보하고, 비경의 토혈인 태백혈을 보하는 것이다. 또한 폐장을 오행상 이기는 장부는 화의 장기인 심장이고 이기는 장부와 혈을 사해야 하므로 심장경의 화혈인 소부혈을 사해야 하고, 폐경의 화혈인 어제혈을 사하는 것이다.

한약요법으로는 폐가 허한 것을 치료하는 보폐산 즉, 아교주 16g, 우엉씨, 찹쌀 각 9.6g, 마두령 5.6g, 구감초 4g, 행인초 9개 이상을 물 600cc에 넣어 300cc로 줄어들 때까지 약한 불에 달인다. 복용은 100cc씩 3번으로 나누어 한다.

또 오행 상생이론을 활용해서 치료할 수 있는데 폐가 허약하므로 폐장의 어미인 비장을 강화시키면 폐장이 강화되므로 이런 경우 삼령백출산을 사용한다. 삼령백출산 처방은 인삼, 백출, 백복령, 산약 구감초 각 6돈, 의이인, 연자육, 길경, 사인, 백편두 각 3돈 이상을 물 600cc에 넣어 300cc로 줄어들 때까지 약한 불에 달인다. 복용은 100cc씩 3번으로 나누어 한다. 이 삼령백출산은 위장허약, 식욕부진, 전신권태, 구토하리, 위부비만, 심계, 붕류, 대하, 장결핵, 만성 위장염에도 많이 사용되는 처방이다.

폐장과 신장을 동시에 치료해야 할 경우에는 대체로 위와 같은 눈의 증상 중 어느 한 가지 증상이 나타나거나 혹은 두 가지, 아니면 상기한 모든 증상이 나타나면서 동시에 기침과 가래가 많으며 그 환자의 허리가 약할 때 금수육군전을 사용한다. 금수육군전 처방은 숙지황 6~10돈, 당귀, 반하, 백복령 각 4돈, 진피 3돈, 감초 2돈, 백개자 1돈4분, 생강 10편 이상에 물 600cc을 넣어 300cc로 줄어들 때까지 약한 불에 달인다. 복용은 100cc씩 3번으로 나누어 한다.

　이때 기가 약할 경우 백개자는 빼도록 한다. 대변이 무를 때는 당귀를 빼고 산약을 넣으며, 가래가 많으면 백개자를 넣는다. 몸이 추웠다 더웠다 할 경우 시호를 넣고, 기운이 너무 없다면 인삼과 호도를 추가해 넣고, 가래가 목에 꽉 차면 패모와 행인을 추가하고, 기운이 회복되지 않으면 파고지와 오미자를 더 넣는다. 마른 가래가 있을 경우 과루인을 추가해 넣으면 좋다.

바람을 맞으면
눈물이 나요

"바람을 맞으면 눈물이 줄줄나요. 여름에 선풍기 근처도 못
가요."

"눈동자가 요즘 부쩍 뿌옇게 된 것 같아요."

"앉으나 서나 누우나 늘 어지러워요."

"제가 고혈압이 있는데, 요즘 눈이 점점 침침해지는 것이
관계가 있을까요?"

"오른쪽, 왼쪽 눈 시력 차이가 커요."

"어릴 때 미처 사시를 발견하지 못해서 수술 때를 놓쳤어
요. 그랬더니 시력이 점점 떨어지는 것 같아요."

위와 같은 증상 외에도 망막출혈, 비문증, 원시 등의 증상은 한의학적으로는 **신장이 허약하여 발생한 것**으로 판단하여 오행 침법으로 신정격, 즉 경거혈과 부류혈을 보하고 태백혈과 태계혈을 사한다.

신장이 허할 때는 신정격을 사용하는데, 신장은 수에 해당하므로 신의 모장부의 모혈은 폐장의 금혈이 되므로 폐장경의 금혈인 경거혈을 보하고, 신장경의 금혈인 부류혈을 보하는 것이다. 또한 신장을 오행상 이기는 장부는 토의 장기인 비장이고 이기는 장부와 혈을 사해야 하므로 비장경의 토혈인 태백혈을 사해야 하고, 신장경의 토혈인 태계혈을 사하는 것이다.

신장의 음이 부족하여 신장이 허약해지면 머리와 눈이 어지럽고 귀에서 소리가 나며, 귀에 염증성 고름이 생기긴다. 또 허리가 아파 허리 다리가 쇠약해져 약해지고 기침과 가래에 피가 삭는 경우가 있으며 야간에 열이 나고 잠이 들면 식은땀이 나게 된다. 이때 한약요법으로 육미지황원을 처방한다. 숙지황 8돈, 산약, 산수유 각 4돈 백복령, 목단피, 택사 각 3돈 이상을 물 600cc에 넣어 300cc로 줄어들때까지 약한 불에 달인다. 복용은 100cc씩 3번으로 나누어 한다. 육미지황원에 오미자 2돈을 추가해 넣으면 폐장의 원천을 자양할 수 있다. 이 육미지황원은 모든 신장질환, 방광질환, 백내장, 변비, 사지가 답답하며 열이 날 때, 폐결핵에도 자주 사용된다.

　신장의 양이 부족하여 신장이 허약해지면 차가운 정액이 흘러나오며, 발기가 잘 되지 않는다. 허리와 다리는 차가우며 양쪽의 발이 마르고 위축되며 부종이 있고 몸은 마른다. 새벽에 설사를 하고 복부가 창만하며, 천식으로 숨 쉬기가 곤란하다. 또한 겨드랑이에 땀이 나며 발이 차다. 이렇게 신장의 양이 부족할 경우 한약요법으로 팔미원을 사용하는데, 육미지황원 처방에 육계와 부자포를 각 5분씩 추가하면 팔미원이 된다.

눈이 심하게
충혈 돼요

"피곤하면 눈이 심하게 충혈 되어요."

상기 증상은 한의학적으로는 **대장이 허약하여 발생한 것으**로 판단하여 오행 침법으로 대장정격, 즉 족삼리혈과 곡지혈을 보하고 양곡혈과 양계혈을 사한다.

대장이 허할 때는 대장정격을 사용하는데, 대장은 금에 해당하므로 금의 모장부의 모혈은 위장의 토혈이 되므로 위장경의 토혈인 족삼리혈을 보하고, 대장경의 토혈인 곡지혈을 보하는 것이다. 또한 오행상 대장을 이기는 장부는 화의 장기인 소장이므로 소장경의 화혈인 양곡혈을 사해야 하고, 대장경의 화혈인 양계혈을 사하는 것이다.

오랫동안 설사가 계속될 때, 허약하고 찬 기운 때문에 복통이 있거나 탈항이 있어 대장이 허약한 경우에는 백작약, 당귀, 인삼, 백출, 육두구, 육계, 감초, 목향, 가자피 등의 약물을 혼합하여 달여 복용한다. 정혈이 부족하고 장이 말라 대변을 보지 못하는 증상의 경우에는 당귀, 숙지황, 형개, 지각, 마자인, 행인, 육종용, 진피, 아교 등의 약물을 혼합하여 달여 복용한다.

눈이 시고
따가워요

"밝은 것을 보면 눈이 시고 따가워 눈물이 나요."

상기 증상은 한의학적으로는 **비장에 사기가 넘쳐서 발생한 것**으로 판단하여 오행 침법으로 비승격, 즉 대돈혈과 은백혈을 보하고 경거혈과 상구혈을 사한다.

사기가 넘쳐서 그 사기를 없애고자 할 때 승격이란 용어를 사용하는데, '실즉사기자'라 하여 실할 때는 그 자혈을 사한다는 의미다. 그러므로 비장이 실할 때는 비승격을 사용하는데, 비장은 토에 해당하므로 비장의 자장부의 자혈은 폐장의 금혈이 되므로 폐장경의 금혈인 경거혈을 사하고, 비장경의 금혈인 상구혈을 사하는 것이다. 또한 비장을 오행상 이기는 장부는 목의 장기인 간장으로 이기는 장부와 혈을 보해야 하므로 간장경의 목혈인 대돈혈을 보해야 하고, 비장경의 목혈인 은백혈을 보하는 것이다.

비장에 사기가 넘치면 배가 가득차고 아프며, 때때로 극심한 허기가 느껴지고, 대소변이 원활치 않다. 또한 몸이 무겁고 붓고 흉완부가 막힌 듯도 하고 가득찬 듯도 한 느낌이 있는데 이런 경우 평위산을 사용해 치료한다. 창출 4돈, 진피 2돈 8분, 후박 2돈, 감초 1.2돈, 생강 6쪽, 대추 4개 이상을 물 600cc에 넣어 300cc로 줄어들 때까지 달인다. 복용은 100cc씩 3번으로 나누어 한다.

평위산은 비장을 조화시키고 위장을 튼튼하게 한다. 위장이 좋아지고 기운이 편해지면 반드시 복용을 중단해야 한다.

눈알이
빠질 것 같아요

"눈알이 빠질 것 같고 뒷목이 뻣뻣해요."

상기 증상은 한의학적으로는 **방광이 허약하여 발생한 것**으로 판단하여 오행 침법으로 방광정격, 즉 상양혈과 지음혈을 보하고 족삼리혈과 위중혈을 사한다.

방광이 허할 때는 방광정격을 사용하는데, 방광은 수에 해당하므로 수의 모장부의 모혈은 대장의 금혈이 되므로 대장경의 금혈인 상양혈을 보하고, 방광경의 금혈인 지음혈을 보하는 것이다. 또한 방광을 오행상 이기는 장부는 토의 장기인 위장이므로 위장경의 토혈인 족삼리혈을 사해야 하고, 방광경의 토혈인 위중혈을 사하는 것이다.

열이 원기를 상하고 마른 기운이 상초에 있으며 방광 기능이 원활치 못하여 입이 마르고 혀가 건조하며 소변이 찔끔찔끔 나오는 방광 허약의 경우에는 생맥산을 사용한다. 맥문동 4돈 인삼, 오미자 각 2돈 이상을 물 600cc에 넣어 300cc로 줄어들 때까지 약한 불에 달인다. 복용은 100cc씩 3번으로 나누어 하는데 황기와 감초를 1돈씩 추가해 달이거나 혹은 생황백 2분을 추가해 달여 복용하면 기력이 더욱 좋아진다.

또 중초가 부족하여 중기가 아래로 처지면 위장이 무력해지는데 이런 상황 속에 허약한 방광으로 소변이 원활치 못하는 경우에는 보중익기탕(p143 참조)을 사용한다.

눈에 아지랑이가
보여요

"눈에 아지랑이 같은 것이 보이고 시력이 흐릿해요."

상기 증상은 한의학적으로는 **담이 허약하여 발생한 것**으로 판단하여 오행 침법으로 담정격, 즉 통곡혈과 협계혈을 보하고 상양혈과 규음혈을 사한다.

담이 허할 때는 담정격을 사용하는데, 담은 목에 해당하므로 목의 모장부의 모혈은 방광의 수혈이 되므로 방광경의 수혈인 통곡혈을 보하고, 담경의 수혈인 협계혈을 보하는 것이다. 또한 담을 오행상 이기는 장부는 금의 장기인 대장이므로 대장경의 금혈인 상양혈을 사해야 하고, 담경의 금혈인 규음혈을 사하는 것이다.

　담이 허약해지면 머리가 어지러워 자꾸 누우려고 하며, 가슴이 답답하고 불안하여 잠을 잘 이룰 수 없다. 또 겁이 많고 쉽게 놀라며, 길게 한숨 쉬는 것을 좋아하고 사물을 보면 모호해서 잘 알아보지 못한다. 이런 경우 온담탕을 복용하면 참 좋다. 반하, 진피, 백복령, 지실 각 4돈, 죽여 2돈, 감초 1돈, 생강 10편, 대추 4개 이상을 물 600cc에 300cc로 줄어들 때까지 달인다. 복용은 100cc씩 3번으로 나누어 한다. 불면증, 신경쇠약, 노아로제, 정신불안, 건망증, 악몽, 심계항진 등 증에 적용한다.

눈을 뜨고 있는 것이
불편해요

"눈이 편하지않아 눈을 뜨기 싫어요."

"눈 윗 눈두덩이가 부어서 힘들어요."

상기 증상은 한의학적으로는 **비장에 사기가 넘쳐서 발생한 것**으로 판단하여 오행 침법으로 비승격, 즉 대돈혈과 은백혈을 보하고 경거혈과 상구혈을 사한다.

비장이 실할 때는 비승격을 사용하는데, 비장은 토에 해당하므로 비장의 자장부의 자혈은 폐장의 금혈이 되므로 폐장경의 금혈인 경거혈을 사하고, 비장경의 금혈인 상구혈을 사하는 것이다. 또한 비장을 오행상 이기는 장부는 목의 장기인 간장이고 이기는 장부와 혈을 보해야 하므로 간장경의 목혈인 대돈혈을 보해야 하고, 비장경의 목혈인 은백혈을 보하는 것이다.

비장에 사기가 넘쳐 눈 건강에 이상이 온 경우 평위산(p154 참조)을 복용한다. 평위산은 비장을 조화시키고 위장을 튼튼하게 한다. 위장이 좋아지고 기운이 편해지면 반드시 복용을 중단해야 한다.

4장

가장 많은
안질환,
안구건조

마음의 건강이 곧 눈의 건강이다.

두 눈의 아들아!
한 눈은 감고 다른 한 눈을 뜨거라. 한 눈은 세상과 그 안의 만물을
안 보도록 감고, 다른 한 눈은 임의 거룩한 아름다움을 보도록 뜨거라.

안구건조증이란

    의학적으로 건성각결막염(Keratoconjunctivitis Sicca)으로 불리고 있는 안구건조증(Dry eye, Xerophthalmia)은 우리 눈의 활동에 필요한 적절한 눈물이 생산되지 않거나, 눈물 성분의 부조화 상황 속에서 증발량의 과다 현상으로 인해 심각하게 안구가 건조해지는 상태를 초래하는 것을 의미한다. 즉 안구건조증이란 어떠한 원인으로 인해 우리 눈의 눈물이 부족해지거나, 눈물을 구성하는 성분이 불균형해져서 지나치게 증발하는 등의 현상에 의해 안구가 건조해지는 질환이다.

    주요 증상으로는 뚜렷하게 표현하기 어렵지만, 눈의 불편감, 즉 눈에 무엇인가가 들어가 있는 듯한 이물감이나 따끔거림, 눈의 시림, 가려움, 충혈, 바람이나 연기 같은 외부적 자극 요인들에 대한 예민한 반응, 실같이 끈적끈적한 눈곱 같은 것이 안구에 나타나는 증상 등이 있다.

우리의 눈에는 기초눈물과, 반사눈물이라는 두 가지의 눈물이 존재한다. 기초눈물은 하루 종일 일정량 2~3cc의 눈물이 지속적으로 생성되는 것으로, 눈의 전면에 점액층, 수분층, 지방층이라는 눈물층을 형성하여 눈을 부드럽게 윤활시켜주며, 살균작용과 같은 역할을 수행한다. 반사눈물은 슬프거나 억울한 일을 당할 때, 화가 날 때, 눈에 먼지나 티가 들어갈 때, 바람이 불 때 등 외부적인 자극이나 감정에 의해 반사적으로 흘리는 눈물을 말한다. 이처럼 기초눈물과 반사눈물은 성상이 판이하게 다르다.

안구건조증은 기초눈물의 생산이 부족해지거나 기초눈물이 비정상적으로 너무 빠르게 증발해서 안구가 건조해지는 것을 의미한다. 이러한 안구건조증을 좀 더 정확하게 이해하기 위해서는 우리 눈을 구성하는 다양한 구조들이 어떤 기능을 수행하고 있으며, 이러한 기능들이 제대로 발휘되지 못할 때 나타나는 문제들과의 연관성을 파악할 필요가 있다.

흔히 안구건조증은 다른 여타의 안질환과 관련성이 없고, 다른 안질환에 어떠한 영향도 미치지 않는다고 생각하는 이들이 많다. 그러나 시력 관련 질환들은 서로 밀접하게 관련을 맺어 층을 이룬다. 따라서 안구건조를 효과적으로 치료하는 것은 눈의 건강을 증진시키는 동시에, 우리의 눈에 다른 문제가 발생하더라도 시력을 최적화할 수 있도록 도울 수 있는 방법이 된다. 그렇다면 이 안구건조는 어떻게 발생하는 것인가? 그리고 어떠한 과정을 거쳐 진행되는 것일까? 안구건조를 예방하거나, 이미 진행된 안구건조증을 치료할 수 있는 방법은 없는 것일까? 이를 이해하고, 당신의 눈에 발생한 문제들에 대한 해결책을 도모하기 위해서는 눈의 해부학적 구조에 대한 기본적인 이해를 가지고 있어야 한다.

이럴 때 안구건조를 의심하라

안구건조를 가진 이들에게 나타나는 가장 흔한 증상은 눈이 한 번씩 가렵거나, 눈에 염증이 발생하는 것이다. 일반적으로 단순한 증상으로 시작되는 건조한 눈을 가진 사람이나, 심각한 안구건조 증상으로 고통 받는 사람들이나 '인공눈물'을 1차적 방어기제로 삼는다. 당장의 눈의 건조함으로 인한 불편함을 해결하기 위해 시중에서 쉽게 구할 수 있기 때문이다. 그러나 의사의 처방 없이 판매되고 있는 인공눈물은 안구건조로 인한 증상들을 투약한 후 몇 시간 정도는 나아지게 만들지도 모르지만, 안구건조증이 발전하는 것까지는 막지 못한다. 즉, 현재의 안구건조증 치료에 대중적으로 사용되는 인공눈물은 근본적인 치료가 아닌 일시적인 증상 완화만을 가져다줄 뿐이라는 것이다. 그것도 초기에만 기대되는 일시적인 완화이다.

실제로 안구건조증으로 인한 눈의 고통을 호소하는 환자들에게 안과 의사가 내려줄 수 있는 처방은 치료가 아니라 증상 완화에 초점이 맞추어져 있다. 따라서 대부분의 환자들이 특별한 대책 없이 눈물과 안약을 처방받고 있다. 당연히 이 눈물과 안약이 안구건조를 치료하는 것은 아니다. 필자의 병원을 찾는 환자들 대다수가 안과 전문의로부터 "어쩔 수 없다", "방법이 없다"는 말을 들을 수밖에 없었던 것도 서양의학에서 안구건조증의 확실한 치료법을 아직 찾아내지 못했기 때문일 것이다.

눈에 상처가 나고 염증이 있고, 최소 1주에서 2주 이상 눈에 불이 나는 것 같은 느낌이 든다면 당장 안과 의사든, 안질환을 진료하는 한의사든 전문의를 찾아가야 한다. 이러한 증상들은 당신의 눈이 당신에게 보내는 이상 신호이기 때문이다. 그리고 만약 당신의 눈에 아래와 같은 증상 중 한두 가지 이상의 증상이 나타난다면, 당신은 반드시 안구건조증을 의심해볼 필요가 있다.

1. 쑤시거나 쓰라림 등과 같은 통증이 눈에 느껴지는 경우

2. 눈의 충혈과 염증이 반복되는 경우

3. 눈 속이 가렵고 뻑뻑하며 알맹이 비슷한 이물질이 가득 차 있는 듯한 느낌이 드는 경우

4. 눈이 타거나 콕콕 찌르는 듯한 느낌이 있는 경우

5. 콘택트렌즈(contact lens) 착용 시 눈에 불편함이 느껴지는 경우

6. 자주 눈이 가렵거나, 계속적으로 눈에 가려움증이 생기는 경우

7. 주로 야간 시간대에 눈의 건조감이 심해지는 경우

8. 아침에 어떤 물질이 눈을 덮고 있는 느낌이 나거나, 눈을 뜨는 것이 어려운 경우

9. 자주 시야가 흐릿해지는 경우

10. 눈앞의 대상물이 오르락내리락하며 겹쳐 보이는 등 시야가 불안해지는 경우

11. 눈이 무거워지거나 극도로 피곤한 경우

12. 눈에서 점액질이 과도하게 배출되는 경우

13. 극도로 물기가 많아, 심하게 눈이 젖는 경우

14. 눈이 빛에 민감해지는 경우

15. 눈의 불편감이 심해서 눈을 감아야 편해지는 경우

16. 인공눈물을 사용하고 있는 경우

17. TV, 컴퓨터, 스마트폰, 모니터 등을 보면 1시간 안에 눈에 불편감을 느끼는 경우

18. 가족들이나 친구, 동료들로부터 "혹시 눈에 문제 있는 것이 아니냐?"는 질문을 자주 받는 경우

19. 일상생활에서 선글라스를 착용해야 만하는 경우

안구건조증은
치료해야 하는 질병

　혼히들 안구건조증을 두고 자연스러운 현상으로 받아들이며, 이를 병이라 여기지 않는다. 그러나 단언하건데 안구건조증은 병이 맞다. 안구건조증을 두고 사람들이 "이게 무슨 병이야?"라고 말을 하는 이유는 안구건조증을 누구의 눈이든 자연스럽게 생겨날 수 있는 안구질환이자 쉽게 사라지는 증상으로 가볍게 생각하기 때문이다.

　실제로 안과에 내원 진찰하는 경우, 자세한 설명은 듣기 어려운 경우가 태반이고 대부분 "안구에는 아무 이상이 없고요, 안구가 약간 건조하네요", 혹은 "건조가 많이 심하네요. 인공눈물과 염증이 있는 것 같으니 염증도 제거해주는 눈물을 처방해줄게요" 정도의 이야기를 들을 수 있을 뿐이다. 안구건조증을 방치하고 적절한 시기에 치료를 하지 않는다면 우리의 눈은 심각한 문제에 노출될 수 있으며, 종국에는 실명에까지 이를 수 있다.

안구건조증에 대한 가장 흔하고, 세속적인 통념은 바로 우리 눈의 눈물이 줄어들었기 때문에 발생하는 질환이라는 것이다. 그러나 단언하건데 눈물이 줄어들었으니 자연스럽게 눈이 건조해진다는 안구건조증에 대한 당신의 인식은 틀렸다. 안구건조, 즉 우리 눈의 건조함은 눈물의 생성 및 분비 그리고 증발 과정이 정상적으로 이루어지지 않는 것으로 매우 복잡한 문제로 인해 발생하는 것이며, 루프스, 당뇨병, 쇼그린 증후군과 같은 심각한 계통 질환과도 연관이 있다. 또한 안구건조증이 비록 안구에 아무 이상이 없을 때 나타날 수 있다는 것은 사실이지만 반드시 적절한 치료를 받아야하는 질병이라는 점을 유념해야 한다. 만약 안구건조증을 치료하지 않고 방치한다면 안구건조증 자체도 심화되겠지만 더욱 더 복잡한 여러 안질환으로 발전할 수 있다는 것 역시 유념해야 한다. 즉 시각이상인 근시, 원시, 난시, 사시 등으로도 발전할 수 있고, 결막염, 결막하출혈, 각막염, 각막궤양, 트라코마, 공막염, 포도막염, 백내장, 녹내장 등으로도 발전할 수 있다는 것이다.

안구건조증은 눈에 심한 통증이 느껴질 때야 비로소 인지를 할 수 있다. 게다가 안구건조증은 눈앞이 흐려지거나 시력이 왜곡되어 시각에 이상을 가져온다. 신체의 건조함으로 인해 발생하는 병이기 때문에 안경이나 콘택트렌즈는 안구건조증의 효과적인 치료 대안이 아니다.

그럼에도 서양의학에서는 안구건조증 치료를 위해 콘택트렌즈를 권장하기도 한다. 하지만 안구건조증 치료에 있어서 콘택트렌즈가 효과를 보이려면 눈물 윤활유가 더해져야 한다. 문제는 우리가 인공눈물이라 부르는 이 눈물 윤활유가 실제로는 안구의 건조 상황을 더욱 악화시킬 수 있다는 데 있다. 예를 들어 충분한 눈물이 없는 상태에서의 콘택트렌즈 착용은, 눈에 미세한 모래알이나 소금이 들어가 굴러다니는 것처럼 우리의 눈에 고통을 가중시킬 수 있는 것이다. 건조한 눈은 일상생활에서부터 사회생활에 이르기까지 우리의 삶의 질을 악화시킬 수 있는 요인이 된다. 다음은 극심한 안구건조 증세로 일상생활을 제대로 영위하지 못할 정도로 고통 받는 환자의 사례다.

53세의 박지혜(가명, 여성) 씨는 심각한 안구건조 증세를 가지고 있다. 눈이 너무 자주, 심하게 충혈 되고, 바람이라도 맞으면 눈물이 줄줄 흘러내리기 일쑤다. 게다가 눈이 너무 건조해서 빛을 차단할 수 있는 진한 색의 선글라스를 착용해보지만 일상생활의 고통이 이루 말할 수 없다고 호소했다. 낮에 운전하는 것도 힘들지만, 밤이 되면 반사되는 불빛 때문에 운전대를 잡기가 두렵기까지 했다.

박지혜 씨의 경우 밝은 빛에 노출되면 참기 어려울 정도로 눈이 부시고, 눈에 모래 같은 것이 들어가 이리저리 굴러다는 것처럼 불편하고 뻑뻑함을 느끼고 있다. 계속해서 따갑거나 시린 통증이 느껴지는 눈 때문에 안과에서 인공눈물을 처방받아 하루에도 수십 차례씩 눈에 투여를 해보지만, 별다른 효과를 느낄 수가 없다. 인공눈물을 투여했던 초기에만 하더라도 눈의 통증과 시림이 어느 정도는 나아지고 있다고 느낄 수 있었지만, 어느 시점부터는 인공눈물이 아무 의미가 없어졌고 눈의 건조 상황은 심각해질 대로 심각해져 이제는 인공눈물의 힘을 빌릴 수조차 없게 되어버린 것이다.

적절한 치료를 하지 않은 채 인공눈물에만 의존해왔기 때문에 박지혜 씨의 안구건조 증세는 매우 심각한 수준에 놓여 있다. 안구건조 증상으로 인해 정상적인 일상생활을 하지 못하는 그녀가 하루라도 빨리 이러한 눈의 고통에서 벗어나기 위해서는 가능한 빨리 안구건조 치료 전문가를 찾아야만 한다.

또 다른 안구건조증 환자인 47세의 김선양(가명, 남성) 씨는 육식 애호가이며, 건강 검진을 통해 고혈압 판정을 받고

혈압약을 지속적으로 복용해오며 혈압을 관리하는 중이다. 그는 야채보다는 고기를 훨씬 더 좋아하고, 거의 매일 저녁 고기와 술을 즐긴다. 키는 173cm이지만, 몸무게는 85kg에 달해 주변 사람들은 그를 '비만'으로 인식한다. 그는 자신의 뚱뚱한 몸 때문에 늘 몸이 무겁다고 느끼며, 쉽게 피로해지고 뒷목과 어깨는 항상 뻣뻣하다고 말한다. 여기에 10여 년 전부터 시작된 눈의 피로감이 근래 들어 점점 더 심해지면서 눈에 모래 알갱이가 들어가 굴러다니는 것처럼 껄끄럽고 아픈 느낌을 받는다고 털어놓았다.

김선양 씨에게는 혈압관리과 함께 안구건조증상에 대한 치료가 시급하다. 단순히 고혈압으로 인한 일시적인 현상이라고 치부하기엔 증상이 오래전에 시작되었고, 이미 통증이 느껴지는 단계라면 어느 정도 상당히 진행된 안구건조증이기 때문에, 눈의 피로감을 해소시키고 안구건조 증상을 완화할 수 있도록 고혈압과 함께 안구건조를 치료할 수 있는 곳을 찾을 필요가 있다.

안구건조증의 1차 방패, 눈물과 눈꺼풀

눈물은 감정의 산물이자, 우리 몸이 보내는 신호

인간은 누구나 행복한 삶을 영위하고자 하며, 행복을 위해서라면 자신의 모든 것을 다 바쳐서라도 달성하고자 한다. 하지만 정작 삶 속에서 찾고자 하는 진정한 행복은 변화하고, 명멸하는 바깥세상에서 염원하는 것이 아니며 바로 지금 항상 만나고 있는 우리 마음 상태에 따라 결정된다. 우리의 마음, 이 마음을 가장 잘 나타내주는 육체적 도구가 바로 눈이다. 눈을 마음의 창이라 부르는 것은, 그 사람의 눈을 통해 그 사람이 어떤 사람인가를 가늠할 수 있기 때문이다.

이러한 눈에서 흘러내리는 눈물은, 사람의 마음을 외부적으로 표현해내는 수단이자 감정의 결실이라 할 수 있다. 우리는 슬프거나 기쁠 때, 감동이 북받쳐 오를 때, 너무나 당황해 아무런 생각도 들지 않을 때 등과 같은 상황에서 자신도 모르게 눈물을 흘리게 된다. 눈물은 감정과 직접적으로 연결되어 있는 것이기 때문이다. 그러나 단순히 감정에 의해서만 눈물이 흘러내리는 것은 아니다. 우리 몸의 상태에 어떠한 이상이 생겼을 때도 눈물이 나온다.

우리의 눈은 모든 생명체 중에서 가장 세련된 기능을 가진 놀라운 기관이다. 매우 정밀하게 사물을 볼 수 있고, 바늘에 실을 꿰거나 작은 글씨를 읽을 수 있으며, 속도와 거리를 측정함으로써 움직이는 공을 보고 잡을 수도 있다. 색깔을 인지하는 능력도 뛰어나 많은 색깔을 감지하고 밝은 곳에서 어두운 곳으로 이동한 후에도 잘 적응한다. 이러한 눈은 눈꺼풀과 눈물에 의해 보호된다. 눈꺼풀은 서로 닫혀서 유해한 물질이 눈으로 들어오는 것을 막고, 눈물은 눈의 표면을 적셔주고 눈에 손상을 입힐 수 있는 유해한 물질을 쓸어냄으로써 감염을 예방한다.

그런데 이러한 눈물이 말라버리거나 지나치게 많이 생성되는 경우, 우리의 눈은 이상을 보일 수밖에 없다. 정상적인 작동이 아닌, 오작동이 발생하기 때문이다. 안구건조증은 눈꺼풀과 눈물, 눈물샘이라는 시스템이 제 역할을 수행하지 못하고 오작동할 때 생긴다.

눈을 보호하는 1차 방어선 눈꺼풀

눈꺼풀은 매우 얇고, 섬세한 조직이다. 근육과 신경, 혈관, 선들이 서로 복잡하게 관계를 맺고 있으며, 우리의 눈에 가해질 수 있는 손상이나 상처를 막는 1차 방어선의 기능을 수행한다. 즉 눈꺼풀은 이물이 눈에 들어오려고 할 때, 무의식적으로 눈을 깜박이게 만듦으로써 이물로 인한 손상과 상처를 막는 것이다.

우리가 잠을 잘 때도 눈꺼풀은 일을 하고 있다. 눈을 감음으로써 우리가 자고 있는 공간에 떠다니는 이물질로부터 눈을 보호하는 것이다. 눈꺼풀의 깜박임은 의도하지 않아도 일어나는 불수의적인 반사에 해당한다. 마치 우리의 심장이 박동하는 것처럼 말이다. 그러나 심장 박동과 달리 눈을 깜박이는 행위는 우리 스스로가 그 행동 자체를 조정할 수 있다. 의도적으로 눈을 깜박이지 않도록 조절할 수 있다는 것이다.

이러한 눈꺼풀은 눈물을 만들어내는 과정을 돕는다. 눈꺼풀 바깥쪽의 부가적인 선들이 1차적인 눈물 생산자인 것을 감안하더라도 눈물 생성 과정에 중요한 역할을 맡고 있음을 부인할 수 없다.

우리는 잠을 자지 않고 깨어있는 시간 동안 쉬지 않고 눈꺼풀을 열고 닫으며 깜박거린다. 일반적으로 사람은 7초에 한 번씩 눈을 깜박거린다. 눈꺼풀은 이 깜박이는 그 찰나의 순간에 안구가 촉촉하게 유지될 수 있도록 눈물을 흘려보내는 부지런한 친구이기도 하다.

안구건조증과 밀접한 관련이 있는 눈물샘

일반적으로 눈꺼풀에 있는 한 개의 선은 한 개의 세포이자, 혈액으로부터 선택적으로 구성물질을 제거하는 일군의 세포들에 해당한다. 하나의 기관은 필요에 따라 선에 집중하거나 그것을 개조하며 더욱 적절하게 사용될 수 있도록 선을 분비하고 또 제거하기도 한다. 눈물샘은 이러한 기능을 수행하는 기관이다.

눈물샘은 안구건조증과 매우 밀접한 관련을 보이고 있다. 눈물샘의 붕괴가 곧 안구건조로 이어지기 때문이다. 과도하게 건조한 눈은 첫째, 눈물 생산이 원활하게 이루어지지 않는 것에서 기인하고, 건조한 눈의 형태는 수용성인 눈물이 부족하기 때문에 형성되는 것으로 알려져 있다. 또 다른 경우에는 우리의 눈에 있는 결막과 각막은 적절한 눈물층으로 덮여있어야 하는데, 눈물샘의 이상이 발생하게 되면 눈물의 증발이 매우 빨라지기 때문에 안구건조를 유발하게 되는 것이다.

건조한 눈의 눈물샘들은 결막과 각막의 윤활도를 적절하게 유지하게 만드는 충분한 눈물을 생산하지 못한다. 증발성 건조한 눈은 급속한 눈물 증발 때문에 나타나는 것으로, 이는 우리의 눈물샘이 비정상적으로 눈물을 조성하기 때문이다. 증발성 건조한 눈의 경우 눈물샘들이 충분한 수용성 눈물을 생산한다 하더라도, 마이봄선에서 충분한 지질이 공급되지 못하는 경우도 있다.

눈물샘의 체계

눈물샘(누선)들은 누선체계 혹은 누선기관의 한 부분으로 수용성의 물과 같은 눈물을 생산해내는 복잡한 눈물샘과 오래되고 더러운 눈물을 눈에서 배출해내는 관들로 구성되어 있다.

기다랗게 생긴 주 눈물샘은 윗눈꺼풀 아래에 자리하고 있는데, 귀 근처의 눈쪽으로 향해 있다. 더 작은 부속물에 해당하는 눈물샘들은 대부분 윗눈꺼풀과 안구 안쪽 주름에 있는 주 누선의 가장 가까운 곳에 위치해 있다. 위와 아래의 눈꺼풀의 가장자리(코에서 가

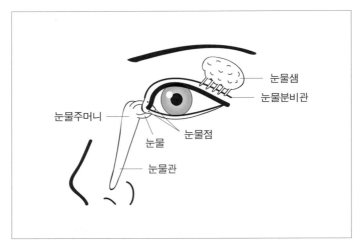

〈눈물샘의 구조〉

장 가까운 쪽)에는 2개의 작은 구멍이 있는데, 코 쪽으로 눈물을 배출
하는 누선낭(눈물주머니)과 누선수송관(눈물관), 누선세관을 포함하는
수송관 체계 안으로 오래된 눈물을 배출하는 입구 기능을 담당한다.

　이러한 눈물샘들이 충분한 양의 물을 함유한 수용성의 눈물을 생
산하지 못할 경우 우리의 눈은 안구건조를 경험하게 되는 것이다.

마이봄(Meibomian)선

　마이봄샘을 구성하는 마이봄선은 위, 아랫눈꺼풀에 심어있는 지
방 기름을 분비하는 선이다. 우리 눈의 윗눈꺼풀에는 30~40개의 개
별적인 마이봄선이 있고, 이 선들은 모두 수직의 한 줄로 위·아랫눈

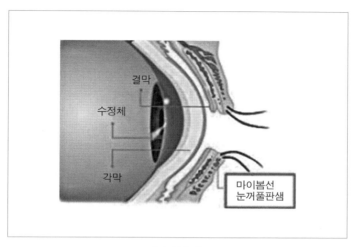

〈마이봄선〉

꺼풀 가장자리까지 쭉 나열되어 있다.

각각의 마이봄선들은 선포라고 불리는 가느다란 낭을 많이 구성하는데, 선포를 구성하는 세포들은 마이봄선의 지질을 합성하고 그것들을 중심선 수송관으로 연결해 풀어내는 기능을 수행한다. 여기에서의 지질은 마이봄이라 불리는 기름 같은 물질로, 마이봄은 대부분 콜레스테롤과 관련한 분자와 다른 지질, 왁스(wax)로 구성되어 있다. 마이봄은 속눈썹 바로 뒤쪽, 눈꺼풀 가장 자리에 위치한 선의 입구를 통해 눈표면 위로 분비된다. 이러한 분비 과정에서 눈물을 생산하기 위해 수용성의 물과 만나는 것이다.

이들 마이봄선들이 적당한 양의 지방(지질)을 생산하지 못하게 되면, 마이봄선 부족이 원인이 되어 발병하는 후방형 안검염, 증발성 건조한 눈을 유발시킨다.

점액소를 생산하는 세포

눈물선들, 술잔상피세포라고 불리는 특정 세포들은 결막에서 발견되며, 눈물을 구성하는데 있어 없어서는 안 될 '점액소'를 생산한다. 이 점액소는 탄수화물과 단백질로 당단백질을 생산하는데, 각막의 상피세포에 의해 생산되기도 한다.

점액소 생산을 방해하는 문제가 발생할 때, 우리의 눈에는 극심한 눈 건조 증상이 찾아올 수 있다. 점액소 생산 과정상의 장애나 문제는 결막의 감염이나 염증, 화학적인 화상과 상처, 외상, 비타민 A 등의 부족으로 나타나는 영양불량, 안구건조증 등의 안질환을 유발시킬 수 있다.

점액소가 제대로 생산되지 않는 상황이 되면, 결막은 비정상적으로 건조해지게 되어 각막이 충분히 젖지 않게 된다. 즉 수용성 눈물과 물이 눈의 표면에 적절하게 유착되지 못하게 되어 건조한 눈을 만드는 원인으로 작용하게 되는 것이다.

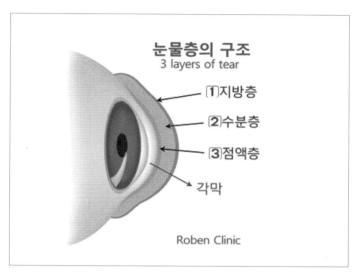

〈눈물층의 구조〉

눈물의 층

우리는 흔히 '눈물'이라고 하면 매우 슬프거나 너무나 행복하거나 하는 등의 극적인 감정이 찾아왔을 때, 혹은 몸이 아플 때 흘리는 것이라 생각하기 쉽다. 이는 눈물이 그저 젖게 만드는 단순한 물의 역할을 수행한다는 일종의 오해에서 출발하는 생각인데, '눈물=물'이라는 공식은 틀린 말이라 할 수 있다.

눈물은 매우 복잡하고, 섬세하게 균형이 잡혀있는 혼합물이기 때문이다. 또한 이러한 눈물에 이상이 생길 경우 우리의 눈은 건조한 상태(안구건조)로 발전할 수 있다. 이 눈물은 지방층, 수분층, 점액층이라는 3개의 층으로 구성되어 있다. 지방층은 눈꺼풀에 위치하고 있는 마이봄샘이 분비하는 지질로 이루어진 액이 분비되어 각막을 덮는 것이며, 수성층은 눈물샘에서 나오는 단백질이 포함된 물이 분비되는 것을 뜻한다. 점액층은 결막의 술잔세포에서 분비되는 점성 단백질로 각막을 보호하는 기능을 수행한다.

눈물막의 바깥층인 지방층은 기름으로 되어 있고, 마이봄선에 의해 생산된 왁스 같은 마이봄으로 구성되어 있다. 이 지방층은 세균, 피부 기름 등으로부터 눈을 보호하는 역할을 수행한다. 또한 눈꺼풀 위로 넘쳐흐르는 눈물을 막아주는 장벽으로 기능하며, 우리가 잠을 자는 동안에도 우리의 눈이 윤활한 상태를 유지할 수 있도록 만든다. 이 지방층은 우리가 눈을 뜬 상태에서 보내는 일상생활에서 눈물의 증발을 줄여주는 중요한 역할도 수행하고 있다.

눈물막의 중간층인 수분층은 눈물막 중 가장 두꺼운 두께를 가지고 있다. 수분층의 대부분은 물로 구성되어 있어 먼지나 진드기 등과 같이 우리 눈에 좋지 않은 자극 물질들을 씻어내는 역할을 담당한다. 또한 감염된 세균, 약물, 알레르기 물질 등과 같은 유독물질을 약화시켜 우리 눈에 가해지는 손상의 정도를 줄여준다. 누선에 의해 분비된 수분층은 물인 동시에 단백질, 전해질, 항체 등이 포함되어 있어 눈을 건강하게 만들며, 감염으로부터 우리의 눈을 보호하고 자유롭게 만드는 다양한 분비물들을 함유하고 있다.

눈물막의 가장 내부에 자리하고 있는 점액층은 눈의 표면에 부착되어 있는 층이기도 하다. 이 점액층은 결막과 각막의 상피세포 안에 있는 술잔세포에 의해 생산되는 당단백질, 점액소들로 구성되어 있다. 점액층의 주요 기능은 눈물막이 각막에 부착되도록 만들어 눈의 표면에 눈물이 균등하게 분포되게 하는 것과, 수분층이 각막을 습윤하게 하고 영양할 수 있도록 물을 사용한 수화된 겔 메트릭스를 형성하는 것이다.

이들 세 개의 층으로 구성된 눈물막은 눈의 건강을 위해 절대적으로 필요한 조직이다. 만일 지방층, 수분층, 점액층 중에 어느 하나라도 제대로 기능을 하지 못한다면 눈물막은 빠른 속도로 불안정한 상태로 치닫는다. 이는 눈의 표면이 외부적인 자극이나 손상을 입힐 만한 인자들에 쉽게 노출되게 만드는 원인이 된다.

눈의 표면이 노출되는 상황이 반복되거나 길어질 경우, 우리의 눈은 건조함을 느끼게 되며 이는 경도의 안구건조 증상에 해당한다고 볼 수 있다. 안구건조 증상이 지속되면 눈의 각막 상피를 손상되게 만든다. 이와 같은 눈의 표면 노출에 의한 안구건조 증상의 경우 적절한 윤활 상태가 이루어진다면 손상된 상피의 자체적인 회복이 가능하지만, 윤활 상태를 이루지 못하고 제대로 된 치료가 이루어지지 않을 경우 손상된 상피의 손상이 더욱 가속화된다.

눈물의 건강한 생성

눈물은 누선 기능군이라 언급되는 하나의 체계에 포함된 부분으로 생성되는 것이다. 이러한 군 혹은 체계는 눈의 표면인 각막과 결막, 점액을 생산하는 술잔세포, 마이봄선, 누선, 눈꺼풀, 신경망으로 구성되어 있다.

중앙 신경계의 영역을 통해 작동하면서 복잡한 감각기관인 자동의(불수의), 운동의(수의) 신경들은 누선 기능군의 구성요소들을 환상 신경으로 연결한다. 이들 구성요소들은 눈 표면이 균형을 이루고, 건강한 감각으로 유지될 수 있도록 서로 밀접한 상호작용을 한다.

먼저 각막과 결막을 포함한 눈의 표면은 감각 신경으로 덮여 있다. 그 중에서도 각막은 밀도상의 치수보다 최소 20배가 넘는 자유신경말단을 가지고 있는데, 유입명령은 이물질이 눈의 표면 위에 있는 신경을 자극함으로써 해당 신경이 뇌 줄기에 어떠한 메시지를 보내는 것이다. 여기에서의 이물질이란 속눈썹, 먼지, 티끌, 알레르기 물질,

유독물질 등과 같이 눈의 표면을 손상시킬 수 있는 물질들을 말한다.

이러한 유입명령은 감정적인 자극에 의해서도 작동될 수 있다. 이물에 의한 자극과 감정에 의한 자극은 각기 뇌에서 다르게 작동되는 것이지만, 눈물의 생성 과정을 유발시킨다는 공통점을 가지고 있다.

눈의 표면으로부터 유출명령을 전달받은 뇌는, 그 정보를 처리하는 과정에서 누선에 수화(수용성) 눈물을 분비하라는 명령을 보낸다. 이 명령에 의해 마이봄선과 점액을 생성하는 술잔세포들은 각각 마이봄과 점액소를 분비하라는 신경계의 요구를 받게 되는 것이다.

또한 뇌는 이들 누선들 외에도 눈꺼풀 근육으로 하여금 눈을 깜박이는 기전을 자극시키는 명령을 전달한다. 뇌로부터 메시지를 받은 눈물선들은 각자가 분비할 수 있는 물질들인 마이봄, 수화, 점액소를 분비하고, 이렇게 분비된 물질들은 차례로 눈의 표면 위에서 눈물로 합성된다.

눈물샘의 분비처럼, 눈의 깜박임 역시 눈의 표면 자극에 의해 발생하는 것이다. 눈꺼풀 근육이 뇌로부터 '깜박이라'는 명령을 받게 되면, 우리의 눈은 깜박이게 된다. 눈을 깜박이는 행동은 보통 평상시에 우리가 자각하지 못하는 행동이지만, 우리는 이를 조절할 수가 있다. 가령 서로 누가 더 눈을 깜박이지 않고 오래 버티느냐는 '눈싸움'

을 할 때, 의식적으로 눈을 깜박이지 않으려고 애를 쓰는 것처럼 말이다.

이처럼 눈물의 분비와 눈 깜박임은 누선 기능군의 순환 형태로 이루어지며, 그 과정은 연속적으로 일어난다. 눈물막이 증발하게 되면 노출된 신경이 뇌로 어떠한 메시지를 보내게 되고, 뇌는 또 다시 눈물샘으로 하여금 눈물을 분비하라는 명령과 함께, 눈꺼풀에게도 눈을 깜박이라는 신호를 보낸다. 이러한 과정을 통해 눈물이 분비되고, 눈의 깜박임을 통한 눈물 분비가 이루어지는 것이다.

건강한 눈 깜박임이란, 자각하거나 조절하지 않아도 자연스럽게 눈의 보호를 위해 7초마다 한 차례씩 이루어진다. 만일 눈의 어떠한 이상이나 문제로 건강한 눈의 깜박임이 이루어지지 않는다면, 당신은 의식적으로 눈을 깜박이려는 행동을 통해 건강한 눈을 되찾으려 노력해야 할 것이다.

눈물의 마름

안구건조증의 일반적인 원인은 수분층의 눈물이 불충분하게 생산되는 것이다. 이는 누선 체계의 붕괴를 의미하는 것으로, 누선이 눈이 제 기능을 수행할 수 있게 만드는 충분한 눈물을 생산하지 못할 때 발생한다.

수분층의 눈물은 물을 함유한 것으로, 이것이 부족해질 경우 우리의 눈은 심각한 위험에 빠지게 된다. 특히 눈의 표면 위에 염분을 증가시키기 때문에, 각막과 결막의 상피세포층이 손상되는 결과를 가져올 수 있다. 상피세포층의 손상은 곧 특정 요소를 제어하거나 막지 못해 우리 눈의 염증 반응을 유발시키게 된다. 이러한 반응은 누선 기능을 더욱 붕괴시켜 조직 표면의 부식을 가속화시키는 악순환을 야기한다.

많은 이들이 오해하는 것 중의 하나가 안구건조가 곧 눈물의 부족 때문이라는 것인데, 실상은 눈물이 지나치게 과다하게 생산되어 야기되는 안구건조증도 있다.

눈물이 과도한 경우는 눈의 표면이 너무 건조하게 될 때, 이러한 자극에 대응하고자 하는 일종의 보호본능이다. 다시 말해, 눈물이 과도한 경우 역시 눈이 건조해 눈의 표면에서 응답 작용을 불러일으켜 생성시킨 것일 수 있음을 간과해서는 안 된다.

불충분한 지방층은 곧 마이봄선 체제의 붕괴를 뜻한다. 눈물막의 바깥 지방층이 비정상이 되면 눈물은 염분을 증가시킨 상태에서 평소보다 더 매우 빠르게 증발한다.

특히 충분하지 못한 점액의 결핍은 눈물막의 불안정을 야기하는 원인으로 작용한다. 눈물막이 불안정하게 되면 우리의 눈은 건조해지며, 안구건조증으로 발전할 수 있다.

안구건조증의
여러 가지 원인

서양의학적인 관점에서 안구건조증을 유발시키는 원인으로 꼽히는 것은 환자의 나이(노화), 대기오염과 환경오염, 안검염이나 안검의 구조적인 이상, 눈의 과로, 만성적인 질환으로 인한 장기간의 약물 복용, 점안약 과다 남용, 굴절(라식) 수술 등과 같은 안과 수술로 인한 후유증 등이 있다.

반면 한의학적인 관점에서 바라보면, 안구건조증이 유발되는 원인은 과도한 스트레스, 눈의 과로로 인한 눈피로, 눈의 노화 즉 노안으로 인한 증상 등이 있다.

먼저 과도한 스트레스의 경우, 스트레스를 많이 받게 되면 간 기능이 울체되고, 시간이 지남에 따라 간화 혹은 간열이 쌓이게 되면서 그 열이 눈으로 올라가 기초눈물을 마르게 하고 눈을 건조하게 만든다. 여기에서의 울체는 기혈(氣血)이나 수습(水濕) 등의 기운이 제대로 움직이지 못하고 한 곳에 몰리는 증상을 의미한다.

오늘 날, 현대인들에게 가장 두드러지는 생활 패턴 중의 하나는 IT 및 디지털 기기의 활용도가 높다는 것이다. 이러한 기기들의 특징은 '눈'으로 본다는 점이다. 과도한 컴퓨터의 사용, 장시간의 TV시청, 잔글씨 독서, 스마트폰의 잦은 사용 등 눈을 지나치게 많이 사용해 과로가 누적되면 눈의 깜박임 횟수가 줄어들게 되어 눈물의 생산은 부족해지고 눈물의 증발은 과다해진다. 즉 눈의 과로가 안구건조로 발전하게 되는 것이다. 우리가 흔히 "눈이 피로해요"라고 이야기하는 것처럼 눈의 과로로 인해 발생하는 다양한 눈의 문제들은 안구건조를 유발시키는 원인이 된다.

서양의학에서 언급했듯이 '나이', 즉 노화로 인해 안구건조증이 발생할 수 있다. 우리의 몸은 나이가 들면서 전반적인 음액이 부족해지게 된다. 눈 역시도 예외가 아니어서 눈의 음액인 기초눈물이 부족해지면서 안구건조증이 나타나게 되는 것이다.

스트레스는 간화를 유발하고 이로 인해 지나치게 눈물을 증발시키는 형태로 나타난다. 눈의 과로는 눈을 뜨는 시간이 많음으로 인해 눈물 생산이 부족해지고 눈물의 증발이 과다해지도록 한다. 마지막으로 노화로 인한 노안으로 눈물의 생산이 부족해지면서 안구건조증으로 이어진다는 차이를 보인다.

이 외에 일반적이지는 않지만 인체 밖으로 액체를 분비해 내보내는 외분비샘에 림프구가 침범해 침이나 눈물 등의 분비가 줄어들어 구강 및 안구에 건조한 증상이 나타나는 만성 자가면역질환인 쇼그렌증후군, 얼굴이나 목 등에 나타나는 결핵성 피부병인 루프스, 그리고 당뇨병을 포함해 심각한 계통 질환과 관련되어 안구건조증이 함께 나타나는 경우도 있다.

눈의 건조함을 두고 일종의 증후군인 '안구건조증증후군'이라 부르기도 한다. 증후군이란 흔히 동시적으로 발생하는 일련의 증상들이나 표식들에 의해 특징지어지는 비정상 소견이다. 건조한 눈은 눈의 정면에 있는 깨끗한 창인 각막과 눈꺼풀 가장자리뿐 아니라 각막을 포함해 안구를 덮고 있는 점액막인 결막의 경도의 건조함에서 극도의 건조함을 포괄하는 개념이다.

이러한 건조함은 부적절하게 눈물의 생성이 부족하거나 눈물 증발이 정상적으로 이루어지지 않는 것이 원인이 되어 나타난다. 일부 사람에게서는 이 두 가지 원인이 모두 나타나는 경우도 있다. 증상들은 계속되는 가려운 느낌, 가려운 곳을 긁는 듯한 느낌, 혹은 모래가 들어간 듯한 껄끄러움, 눈 속의 이물감, 눈이 타는 것 같거나 누군가 자신의 눈을 바늘로 찌르는 듯한 느낌, 만성적인 충혈, 눈의 흰자위를 붉게 만드는 결막의 감염, 빛에 심하게 민감해지는 것, 다양한 정도의 통증과 극심한 통증, 복시 현상 등이 있다. 안구건조라 하여 눈물이 말라 건조해진다고 오해를 하기 쉽지만, 앞 장에서 살펴본 것처럼 우리의 눈에서 자극에 대한 방어기제로서 눈물이 극도로 심하게 배출되는 것 역시 안구건조의 주요 증상 중의 하나로 꼽힌다.

우리의 눈은 눈물 분비 체계를 갖추고 있다. 서양의학의 관점에서 보면 안구건조로 인한 다양한 증상들은 이러한 눈물 분비 체계가 파괴되어 이상이 생기는 것이다. 그러나 한의학적인 관점에서는 눈물 분비 체계의 이상을 야기하는 것은 서양의학적인 관점을 포함하며, 특히 안구건조의 주된 원인은 스트레스로 인한 인체 내부의 장기 기능에 문제가 발생했기 때문에 안구건조가 나타나는 것으로 보고 있다는 점이다.

안구건조증의 원인은 환자들마다 각기 다르게 나타나는 증상만큼이나 다양하다. 그러나 한 가지 공통적인 것은 안구건조증은 본질적으로 스트레스로부터 기인하는 것이다. 또한 안구건조증의 가장 일반적인 원인은 눈의 과로로 인해 눈 깜박임 과정에 이상이 발생한다는 것이다. 눈이 깜박이는 과정이 붕괴되거나, 눈 표면의 마비라는 혼란이 눈물의 생산과 분배에 지장을 주게 된다. 건강한 눈 깜박임은 단순한 집중 행동에 의해 붕괴될 수 있다. 즉 특별한 대상을 뚫어지게 쳐다보거나 응시할 때, 가령 컴퓨터 앞에서 장시간 화면을 들여다보거나, 장시간 콘택트렌즈를 착용하는 것, 장시간 동안의 독서 등과 같이 어떤 한 가지에 집중할 때 우리의 눈 깜박임은 일반적인 때와 달리 줄어든다. 이는 뇌가 최대한 집중을 하기 위해 자연스럽게 눈 깜박임의 비율을 줄이는 것이다. 그러나 이와 같이 집중하는 행동으로 인한 눈 깜박임의 비율 감소는 눈의 표면 위에 눈물 증발 속도를 가속화시킨다. 집중의 시간이나 강도가 커질수록 우리의 눈은 지속적으로 건조해지고 마는 것이다.

그러니 아무리 바쁘고 급한 일이 있더라도 나의 눈 건강을 위해 의식적으로 눈을 깜박이자. 그리고 스트레스를 받지 않고 일을 할 수 있도록 스스로의 마음을 콘트롤하는 훈련을 해보도록 하자.

안구건조증의
주요 증상

안구건조증 환자들을 보면 눈의 통증, 충혈, 염증, 이물감, 타는 듯한 느낌, 콕콕 찌르는 느낌, 가려움, 흐릿해지는 시야, 무겁고 피곤한 눈, 야간에 더욱 심해지는 건조감, 심하게 물기를 머금은 듯한 눈, 과도한 점액 배출, 빛에 민감해지는 눈 등의 증상을 나타내고 있다.

눈의 통증

눈의 통증은 안구건조증 환자들의 대부분이 경험하는, 가장 흔한 증상이다. 경미한 통증도 있지만, 눈을 뜨기조차 힘들만큼 강렬한 통증도 있다. 눈에 통증을 느끼는 안구건조증 환자들은 고통을 조금이라도 줄이기 위해서 눈을 가늘게 뜨고 보는 경우가 많다.

이러한 눈의 통증은 왜 생기는 것일까? 이는 우리 눈의 각막이 민감해지기 때문이다. 각막이 적절한 눈물의 보호를 받지 못할 때, 각막 신경들이 노출되면서 통증을 발생시킨다. 중증의 안구건조증 환자들 중에는 이러한 눈의 통증이 쉬지 않고 느껴져 일상생활에서 큰 고통을 받고 있다.

눈의 충혈과 염증

눈이 충혈 되는 현상은 안구건조증 때문에만 나타나는 것은 아니다. 눈이 감염되었을 때, 외상을 입었을 때, 수면 부족, 지나친 알콜 섭취, 약물 과다, 약물 치료 등에 의해 생기기도 한다. 그리고 안구건조증 환자들에게서도 쉽게 찾아볼 수 있는 증상이 바로 눈의 충혈과 염증이다. 이는 일부 환자들에게서는 그 증세가 극심하게 나타나기도 한다.

안구건조로 고통 받는 사람들은 눈에 마치 생채기가 난 것처럼 긁힌 느낌이 난다고 말한다. 마치 무엇인가 알 수 없는 물체로 눈 표면을 벗겨내는 것처럼 느껴진다는 것이다. 눈은 충분한 눈물로 매끄럽게 해주어야 하는데, 건조한 눈의 경우 그러질 못하다보니 눈을 깜박일 때마다 눈꺼풀에 의해 물리적인 외상을 입게 된다. 이 외상이 바로 눈의 표면에 발생하는 염증이다.

이물감

건조한 눈을 가진 안구건조 환자들이 토로하는 또 다른 공통적인 증상이 바로 이물감이다. 이물감이란 마치 속눈썹이 빠져 안구 위를 돌아다닌다거나 먼지, 모래알 같이 미세한 물질이 눈 속에 굴러다니는 것처럼 느껴지는 것을 의미한다. 이러한 이물감은 안구건조증 환자들로 하여금 짜증을 유발하거나, 통증을 느끼게 만들기도 한다.

눈에 무엇인가가 들어간 것처럼 느껴질 때, 일반적인 사람들은 눈을 문지르거나 식염수 등을 이용해 가볍게 씻어내는 등의 행동으로 이물감을 사라지게 만든다. 그러나 안구건조증 환자들은 눈을 문지르거나 씻어내도 그 느낌이 그대로 남아 있다고 토로한다.

타는 듯한 느낌, 콕콕 찌르는 느낌

안구건조증 환자들 중에는 눈이 마치 불에 타는 듯한 느낌을 받거나, 날카롭고 뾰족한 바늘같은 도구로 콕콕 찌르는 듯한 느낌을 받는다고 말하는 이들도 있다.

여기서 주지할 부분은 바늘로 찌르거나 타는 듯한 느낌이 꼭 안구건조증의 증상만은 아니라는 사실이다. 이와 같은 통증은 알레르기로 인해 발생할 수 있다.

가려움증

눈에 가려움이 느껴진다면 안구건조증을 의심해볼 필요가 있다. 평소 알레르기 때문에 고통 받고 있는 사람이라면 더욱 안구건조를 의심해야 한다. 건조한 눈은 눈의 표면에 알레르기, 항원을 축적시켜 넘치게 만들며, 이것들이 가려운 느낌을 가져온다.

대부분의 사람들은 눈에 가려움이 느껴지면 자연스럽게 눈을 비빈다. 그러나 안구건조증 환자들은 눈을 비비는 것을 주의해야 한다. 눈을 비빈다고 해서 가려운 느낌이 사라지지 않을 뿐더러 눈꺼풀에 의한 기계적 외상으로 눈의 상처와 염증을 악화시켜 더욱 가려워질 수 있기 때문이다. 또한 눈을 비비게 되면 눈의 감염으로 더욱 심각해질 수 있고, 손과 손가락에 존재하는 보이지 않는 세균들을 통해 눈에 세균이 옮을 수도 있다.

콘택트렌즈 착용 시의 불편감

수년 동안 아무런 문제없이 콘택트렌즈를 착용해오는 사람이 있는가 하면, 착용 후 눈의 건조 증상을 호소하는 사람들도 있다. 오랫동안 콘택트렌즈를 착용한 이들 중 적지 않은 이들이 건조한 눈으로 발전되었고, 착용으로 인해 눈의 건조함이 더욱 심해져 극도의 불편감을 느끼고 있다. 이러한 증세를 호소하는 이들이 착용했던 렌즈는 하드렌즈와 소프트렌즈 등 종류를 가리지 않는다.

렌즈 착용자들이 느끼는 불편감은 주로 염증이나 신체에 자극이 가해지는 경우에 생기는 아픔인 동통(통증)으로 나타난다.

야간에 더욱 심해지는 건조함

안구건조증 환자들 중에는 야간 시간대에 더욱 눈이 건조해지는 증세를 보이는 이들이 많다. 그 원인은 야간 토끼눈(lagophthalmos)으로 인한 문제일 수도 있고, 잠을 자는 동안 눈을 제대로 감지 못하기 때문에 발생할 수도 있다. 야간 토끼눈(lagophthalmos)은 눈이 제대로 감기지 않는 현상을 의미하며, 눈을 감지 못하기 때문에 외부로 드러나는 부분인 각막이나 결막이 건조하게 된다.

아침에 눈을 뜨는 것의 어려움

필자의 병원에 내원하는 환자들 중에는 아침에 눈을 뜨는 것이 어렵다고 호소하는 이가 적지 않다. 눈을 뜨기 어렵거나, 눈을 뜰 때 동통감이 느껴지는 것 역시 안구건조증의 증상 중의 하나다. 이는 건조감 때문에 과민해진 눈이 침식(erosion)이라 불리는 일종의 각막 찰과상을 입기 때문에 발생할 수 있다. 이에 대한 치료를 받지 않고 증상을 방치해두면, 질환이 더욱 심각해지는 것이 당연하다. 또한 각막 궤양이나 즉각적인 치료를 요하는 긴급한 감염 등과 같이 더욱 심각한 눈의 문제를 가져올 수 있다.

시야의 흐릿함

안구건조증 환자들은 종종 흐릿해지는 시야나 사물이나 대상이 겹쳐 보이는 복시 현상을 경험하곤 한다. 이는 눈물 부족과 매끈매끈한 눈의 표면이 굴절을 맞추기 어렵게 만들기 때문이다. 시야가 흐려지는 증상은 안구건조보다는 다른 것으로 자주 진단되는 경우가 많다. 의사들은 시야가 흐려 보인다는 환자들의 말에 안구건조를 의심하기보다는 뇌종양이나 뇌졸중을 의심하고, CT나 MRI를 촬영해볼 것을 권하기도 한다. 그러나 이러한 경우의 상당수는 환자의 시야가 흐려짐을 의학적으로 설명하지 못한다. 흐릿한 시야로 인해 일상생활에 어려움을 겪던 환자가 나를 찾아와 이렇게 말한 적이 있다. "이리 저리 검사만 주구장창 받으러 다녔는데도, 시야가 흐릿한 원인을 모르겠다고 하더라고요"라고 말이다. 나는 대번에 그 환자의 또 다른 증상들을 확인했고, 그가 호소하는 눈의 고통이 안구건조증에서 기인하는 것임을 확신할 수 있었다.

무겁거나 극도로 피곤함을 느끼는 눈

눈이 유난히 무겁거나, 극도로 피곤한 것처럼 느껴지는 이유는, 눈의 표면에 적절한 윤활유가 부족하거나 없기 때문이다. 알레르기 항원과 염증을 일으키는 어떠한 물질을 함유한 오래되고 더러운 인공눈물은, 우리 눈의 표면을 깨끗하게 만들지 못한다. 때문에 인공눈물을 사용해야 한다면 가능한 신선하고 건강한, 깨끗한 인공눈물을 사용해야 한다. 그렇지 않을 경우 우리 눈은 '피곤하다'는 신호를 보낸다. 더러운 인공눈물을 쓴다는 것은, 우리가 거울을 닦을 때 더러운 물로 닦아서 우리의 얼굴을 제대로 비출 깨끗한 거울을 볼 수 없는 것과 같다.

무겁게 느껴지는 눈은 결막염이 원인일 수도 있는데, 결막조직은 눈꺼풀의 가장자리 위에 걸쳐 있다. 이 결막조직에 염증이 생기면 눈꺼풀에 이상을 가져와 눈을 뜨거나 감을 때 눈에 무거운 느낌을 주게 되는 것이다.

심하게 물기를 머금은 눈

안구건조증이라 해서 꼭 눈물이 부족하거나 없는 건조한 증상만을 보이는 것은 아니다. 눈물의 과잉생산으로 인해 심하게 물기를 머금은 눈 역시 안구건조증의 증상 중의 하나이다. 일반적으로 먼지나 모래, 머리카락, 속눈썹 등과 같은 이물질이 건강한 눈에 들어가게 되면, 눈은 많은 양의 물기 어린 눈물을 내보낸다. 이물을 제거하기 위한 일종의 자기 노력인 셈이다.

그러나 만성적으로 건조한 눈을 가지고 있는 이들의 경우, 각막이 심하게 자극을 받게 되고 눈물샘에 이물이 들어온 것과 같은 일종의 신호를 보내게 된다. 신호를 받은 우리의 눈물샘은 풍부한 양의 물기

머금은 눈물을 생산하게 되는 것이다. 안구건조증 환자들의 경우 건조한 눈이 정상으로 돌아올 때까지 스스로 그 순환을 반복하는 까닭에, 안구건조가 치료되지 않는 한 과도한 눈물 생성으로 인한 고통은 되풀이되고 말 것이다.

과도한 점액의 배출

눈물은 눈에 영양을 공급하고, 윤활작용을 해주며, 세균의 침입을 막고 염증을 방지하는 역할을 한다. 흔히 우리는 눈물이 말 그대로 '물'로 이루어져 있다고 생각하지만, 눈물은 수분층, 지방층, 점액층으로 3개의 층으로 구성되어 있다.

건조한 눈을 가진 이들 가운데 눈물의 화학 구성 성분이 균형을 잃는 경우가 있는데, 구성 성분이 균형을 잃고 바뀌게 되면 눈물막에 영향을 주어 과도한 양의 점액이 생산된다. 이때의 점액은 눈의 표면 위에 작은 덩어리나 끈적끈적한 실과 같은 섬유 형태로 나타난다.

빛에 민감해지는 눈

건조한 눈 때문에 생활에 어려움을 겪는 환자들에게서 자주 듣는 말 중의 하나는 '빛 때문에 못 살겠다'는 것이다. 이들은 밝은 빛, 태양빛, 형광등 불빛을 마주할 때마다 눈에 극심한 통증을 느끼고 있다. 만약 평소와 다르게 눈에 이상이 느껴지고, 빛에 유독 민감해져서 통증이 동반되는 증상이 2주 이상 지속되고 있다면 즉시 눈 치료를 시작해야 할 것이다.

치료를 시작하기에 앞서 단순히 빛에 민감하다는 이유만으로 안구건조증이라 확진을 내리기 어려우니, 자가 테스트(p169 참조)를 통해 본인의 증상이 안구건조 증상과 유사한지를 확인하고 전문가를 만나 안구건조 증상이 의심된다는 이야기를 반드시 들려줄 필요가 있다. 환자 스스로가 안구건조증을 의심하는 만큼, 전문가는 다른 질환의 가능성과 함께 안구건조증 여부를 확인하는데 집중하게 될 것이다.

안구건조증의
진행 단계

안구건조증은 눈피로 단계와 안구건조증 단계로 나누어 볼 수 있다. 먼저 1단계에 해당하는 눈피로 단계에서는 눈에 잠깐의 휴식을 취하면 해당 증상이 사라져 정상적인 시각 활동을 영위할 수 있다. 눈피로의 시작은 오후 2시경만 되면 눈이 잠시 피로해지는 것을 느끼는 수준에서 출발한다. 눈피로가 찾아오는 시간대가 지나가면 일상생활을 하는데 아무런 어려움을 느끼지 못하는데, 이러한 상태로 5년째가 되면 오전엔 괜찮다가도 오후만 되면 눈이 내내 피로해지는 것을 느끼게 된다. 6년째에는 오전에도 가끔씩 눈에 피로가 찾아오고, 7년째가 되면 오전이든 오후든 빈번하게 눈에 피로감을 느끼게 된다. 눈피로가 지속된 지 8년째가 되는 환자들은 하루 종일 눈이 피로하기는 하지만 별다른 눈의 통증을 느끼지는 못한다. 하지만 하루 종일 눈이 피로한 증상을 없애려면 휴식 시간이 비교적 길어지게 되며 잠깐의 휴식으로는 금방 피로가 사라진 것 같지만 곧바로 다시 눈이 피로해진다는 점이다.

눈피로 단계에서 적절한 치료가 이루어지지 않을 경우, 2단계인 안구건조증 단계로 접어들게 된다. 2단계는 눈이 피로하기 시작한 후 9년~13년째로 접어드는 환자들이 속한 단계로, 눈은 하루 종일 피곤하며 뻑뻑하다, 이물감이 있다, 눈앞에 안개가 낀 듯이 뿌옇다 등과 같은 증상을 강조한다. 그리고 13년 정도가 지나면 따갑다, 시리다, 콕콕 찌른다, 눈이 속으로 당겨 들어가는 듯하다, 눈에 열이 나서 도저히 눈을 뜰 수 없다, 우리하다 등과 같이 눈의 건조 상황이 더욱 심해져 눈에 통증이 시작되고 악화되는 단계이다.

이렇게 안구건조증을 인지하지 못하고 있던 환자들은, 대부분 눈에 통증이 찾아오고 나서야 비로소 자신의 눈에 이상이 생겼음을 깨닫고 뒤늦게야 전문가를 찾아가게 된다.

그러나 이렇게 힘겹게 찾아온 환자들에게 주어지는 처방과 치료법은 근본적인 원인을 해결하지는 못한다. 안구는 정상이지만 그저 건조할 뿐이라는 진단과 함께 두세 가지의 인공눈물을 처방하거나,

증상을 더 이상 악화되지 않게 만드는 몇 가지의 조언을 할 뿐이다.
가령 안구건조증은 치료할 수 없는 것이기 때문에 눈에 자주 휴식을
취하고, 가능하면 건조하고 더러운 공기보다는 신선하고 맑은 공기
를 쐬어 주는 것이 좋다며 공기 좋은 환경을 만들거나 찾아가라는 등
의 조언 말이다.

계속적으로 진행되어 악화되는 안구건조증

안구건조증의 진행 단계를 좀 더 세분화시켜 구분해보면 경도, 중
등도, 말기의 안구건조증으로 구별할 수 있다. 경도의 안구건조 단계
는 안구건조 진단을 받은 지 2~3년이 지난 환자로, 눈에 찾아오는 통
증이 하루 24시간을 기준으로 한 시간 남짓한 경우에 해당한다.

중등도의 안구건조 단계는 눈의 통증이 하루의 절반 정도 지속되
는 경우로, 눈의 통증이 시작되면 극심한 고통에 시달리며 눈을 뜰
수 없을 지경이 되어 거의 눈을 감고 생활하려는 경우에 해당한다.

말기의 안구건조는 하루 종일 눈의 통증이 있는 경우를 말한다.
거의 눈을 뜰 수 없기 때문에 혼자서는 일상생활을 전혀 하지 못하는
상태로, 혼자서 길을 걷는다거나 식사를 한다거나 하는 등의 일반적
인 행동들을 할 수 없다. 보호자의 전적인 도움이 필요한 상태로 말
기 안구건조 환자들은 눈을 떠보라고 해도 눈을 뜨지 못하는 경우가
많으며, 자신의 손을 사용해 강제적으로 눈을 떠보려고 해도 고통으

로 인해 저절로 눈이 감겨버리는 사람들도 있다. 안타깝게도 이들 말
기 안구건조 환자들의 삶은 실명 상태의 삶이나 다름이 없다.

안구건조증의
한의학적 치료와 사례

안구건조증 환자들을 마주할 때면 가끔 듣는 질문이 있다. "이렇게 간단한 처방으로 정말 치료가 되나요?"라는 것이다. 안구건조 치료는 의외로 간단하다. 안구건조증을 유발하는 원인을 찾아, 그에 맞게 치료를 하면 되는 것이니 말이다. 그러나 '간단하다'고 해서 '금방' 완치가 되는 것이라 생각하는 것은 금물이다. 환자에 따라 초기의 안구건조증일 수도 있고, 중증이거나 혹은 말기의 안구건조증일 수도 있다. 이들 환자들이 안구건조증을 앓아온 시간이 길면 길수록 치료 기간도 길어질 수밖에 없다.

필자의 병원을 찾아온 안구건조증 환자들을, 그 증상에 따라 1번부터 100번까지 분류해본 적이 있다. 1번에 해당하는 환자들은 하루 종일 눈의 피로를 호소하는 이들이다. 안구건조증의 자각이 쉽지 않고 그 원인도 다양해 초기에는 안구건조증인지 아닌지조차 구별하기가 쉽지 않은 만큼 10번까지에 해당하는 환자들은 비교적 경도의 안구건조증에 해당한다. 이들의 특징은 하루 종일 눈이 피로하고 이물감, 뻑뻑함 등은 느끼지만 눈의 통증은 없다는 점이다. 10번에 속하는 환자군의 특징은 하루 1시간 정도 눈의 통증이 느껴진다는 것이고, 50번에 해당하는 환자군은 하루 반나절 이상 눈에 통증이 찾아온다. 90번대부터는 하루 종일 눈의 통증 때문에 거의 눈을 뜨지 못하는 환자들로 그 정도에 따라 100번까지 구별된다.

동의보감에 의하면 간개규어목(肝開竅於目)이라 하여 간과 눈이서로 직결되어 있는 구멍이라 표현하고 있다. 이는 우리 몸 안의 간에 어떠한 이상이 나타나게 되면, 그 이상이 곧 눈으로 표출된다는 의미이자, 간의 모든 상태가 눈에 나타난다는 말이기도 하다. 동의보감 이외의 한방서적들을 보더라도, 눈은 간장의 기능과 매우 밀접하게 연관되어 있음을 알 수 있다.

눈의 과로한 환경과 더불어 정신적인 스트레스 상황 속에서 뜻한바를 이루지 못하거나 고뇌와 분노로 말미암아 간 기능이 울결되어화(火)로 변하면 그 화기가 인체 상부 즉 머리와 눈으로 뻗쳐 눈이 침침하고 아득할 정도로 피로해진다. 눈의 과로와 스트레스가 안구건조 증상으로 이어지게 되는 것이다.

한의학에서는 안구건조증이 근본적으로 간화가 위로 올라가 눈물을 말려버리거나, 과도하게 눈을 사용함으로써 눈물의 증발이 평소보다 더 과도하게 일어나거나, 간음액이 부족해 눈의 음액인 눈물의 생성이 부족해져서 나타난다고 보고 있다. 따라서 안구건조증의 치료 역시 간화를 다스리는 방향과 간을 강화시키는 방법으로 이루어진다.

서양의학이 질병 그 자체의 치료에 집중해 개선 효과를 보는 것과 달리, 한방에서는 질병을 유발시킨 근본적인 원인을 찾아 치료한다는 차이를 가지고 있다. 즉, 한방의 치료는 어떠한 질병이나 질환을 두고 그것들이 나타내는 증상의 개선만을 위한 치료를 진행하는 것이 아니라, 그 질병과 질환을 야기한 근본적인 원인자를 찾아 치료를 시행하는 것을 기본으로 한다.

어떤 병이든 그 병의 원인을 해소하지 못한다면 당장의 치료 효과를 볼 수는 있을지 모르지만, 언젠가는 또 다시 그 병이 다시 자신의 몸을 괴롭힐 수 있음을 우리는 알아야 한다. 병의 근원을 없애는 것이 병증을 완치시키는 동시에 재발을 막을 수 있는 가장 최선의 방법임을 명심할 필요가 있다.

안구건조증은 급성 안구건조라는 개념 자체가 허용되지 않는 안질환이라 할 수 있다. 급성 안구건조라고 느끼는 이들의 대부분은 앞서 언급한 눈피로 단계에 놓여 있는 경우에 해당한다. 대개의 경우 안구건조증으로 인한 눈의 통증을 호소하며 일상생활을 제대로 영위할 수 없는 환자들을 보면, 안구건조 증상이 만성적으로 이어져 왔음을 확인할 수 있다. 이러한 만성 안구건조증을 치료하는 주된 방법은 한약 복용을 통한 원인자의 해결인데, 단순히 한약만을 복용하는 것보다는 침술 치료를 병행하는 것이 치료의 효과를 높여줄 수 있다.

기존에 필자의 병원을 방문해 '인다라명목탕'을 처방받았던 환자들의 사례를 분석해보면, '인목탕'만 복용한 환자들에 비해 '인목탕'과 침술 치료를 병행한 환자들의 치료 기간이 절반 이상 줄어들었음을 확인할 수 있었다. '인목탕' 1재만 투여받은 환자들이 6개월 전의 눈 상태로 되돌아갔다면, '인목탕' 1재와 침술 치료를 함께 처방받았던 환자들은 1년 전의 눈 상태로 회복할 수 있었던 것이다.

그러나 명심해야 할 사실은 침술 치료는 안구건조증 치료의 주인공이 아니라, 조연이라는 점이다. 주인공은 환자와 '인목탕'이고, 그 주인공을 더욱 돋보이게 만드는 조연이 바로 '침'이라는 사실이다. 안구건조증 치료에 활용되는 침 치료의 방법은 구체적으로 간을 강화시키는 침 치료와 간의 열을 내려주는 침 치료, 신장을 강화시키는 침 치료 등과 같이 환자가 겪고 있는 증상과 상태에 따라 각기 다른 방법으로 시행되는 것이 특징이다.

다음은 필자의 병원에서 실제로 안구건조증을 치료받고 이겨낸 사람들의 이야기다.

정상적인 직장생활이 힘들었던 안구건조증 환자(34세, 남성)

저는 20대 초반부터 눈에 통증이 조금씩 시작되었습니다. 안과를 가보니 안구건조증이라고 하더군요. 처음엔 눈 통증이 견딜 만했었는데, 시간이 지나면서 눈이 따가워지고 뻑뻑해져서 눈을 뜨기가 힘들었습니다. 눈에 마치 눈썹이 들어가서 눈을 헤집고 다니는 것 같은 이물감 때문에 하루에도 몇 번씩 눈을 비비곤 했습니다. 안과를 찾아가보아도 인공눈물 처방 외에는 별 다른 방법이 없었죠. 직장에서 컴퓨터로 문서를 작성하는 아주 기본적인 일조차 힘들어져만 갔습니다. 조금만 집중해서 모니터를 들여다보면 눈이 아프기 시작하고, 눈피로가 극에 달해 눈이 저절로 감길 지경이었습니다. 자다가 눈을 뜨면 눈이 화끈거려서 아침에 일어날 때 눈을 제대로 뜰 수 없어 많이 힘들었습니다.

그러다가 인터넷 검색으로 인다라한의원을 알게 되었고, 이번이 마지막이라 생각하고 한의원을 찾아갔습니다. 여기에서도 치료가 안 된다고 하면 정말 어쩔 수 없는 일이라 생각했습니다. 모두가 안 된다고 할 때, 혼자 YES를 외치는 사람이라는 TV속 광고처럼, 다른 안과 의사들이 치료를 할 수 없다고 고개를 가로 저을 때, 원장님은 치료가 가능하다며 고개를 끄덕여주셨습니다. 그 말을 믿고 치료를 시작한 지 이제 두 달이 넘어갑니다. 완치까지를 100%라 생각할 때, 현재 저의 상태는 30%쯤 나아진 것 같다고 느낍니다. 한의원에 치료를 받으러 올 때마다, 다른 환자 분들과 이야기를 나누곤 하는데 다른 환자들에 비해 저의 호전 속도가 조금 느린 것은 아닌지 불안한 마음도 있습니다. 그러나 저는 안구건조증을 앓아온 시간이 길고, 증상도 중증에 달하고 있는 만큼 남들보다 배의 치료 기간이 필요하다고 여기고 차분하게 남은 치료를 이어갈 생각합니다. 그리고 저는 저의 안구건조증이 꼭 완치될 것이라 믿습니다.

치료시기를 놓쳐 안구건조증이 심화된 환자(64세, 여성)

3년 전부터 이상하게 눈이 아프기 시작했어요. 눈이 아프니 당연히 안과를 찾아갔지요. 안구건조증 진단을 받긴 했는데, 인공눈물만 주시더라고요. 눈 뜨는 게 겁이 날 정도로 아프기 시작했고, 통증 때문에 수시로 안약을 넣어서 그런지 나중엔 안약을 넣어도 별다른 반응이 나타나지 않았어요. 눈이 자꾸 마른다는 느낌 때문에 인공눈물을 달고 살았죠. 혹시나 인공눈물 말고 다른 치료방법은 없는가 싶은 마음에 대 여섯 곳 정도 안과를 옮겨 다녔어요.

작년 가을엔 대학병원을 찾아가 정밀검사를 요청하기도 했습니다. 늙어서 그런 건데 뭘 정밀검사냐며 필요 없다고 담당 교수님께 혼이 났었죠. 큰 대학 병원에서도 달리 방법이 없다는데, 어쩌겠어요. 인공눈물과 함께 눈에 넣으라며 안약만 한 보따리 들고 집으로 돌아왔죠. 그러던 중 버스 광고판에서 인다라 한의원을 보게 되었죠. 평소에 한의원에서 안질환을 치료할 것이란 생각 자체를 못했기 때문에, 안구건조증 치료라는 문구가 신기해 한참을 들여다봤던 것 같아요. 광고 문구들 하나하나를 읽다보니 제 증상과 너무나 똑같아서 한 번 더 놀랐고요.

처음에 진맥할 때, 원장님께서 "병을 키워서 오셨다"면서 간에 문제가 있다고 하시더라고요. 눈과 간의 관계에 대한 원장님의 자세한 설명을 듣다보니, 일리가 있는 말 같아서 치료를 결심했지요. 한약 복용과 침 치료를 병행하면서 한의원에서 일러준 주의사항은 꼭 지켰어요. 술과 커피는 한 잔도 안 마셨고, 눈에 인공눈물을 넣는 것도 당장 중지했어요. 그리고 매일 정해진 시간에 꼬박꼬박 한약을 복용했습니다. 신기했어요. 이상하게 눈에 있던 통증이 조금씩 사라지는 거예요. 간을 건강하게 만든다는 인다라명목탕의 효능 덕분인지는 몰라도 몸이 덜 피곤한 것 같고요. 침은 맞을 땐 아프긴 한데, 치료를 다 받고 나면 기분이 좋아지고 눈이 확실히 촉촉해졌다는 걸 느끼고 있어요.

눈을 크게 다쳐 안구건조증이 온 환자(73세, 여성)

전 10년 정도 눈에 문제가 있었어요. 그보다 훨씬 이전에 제가 눈을 다친 적이 있거든요. 사고로 눈이 터져서 지금까지 3번 수술을 받았습니다. 이후에 눈에 통증이 느껴져서 병원을 찾아갔더니 백내장이라고 수술을 받으라고 하더군요. 문제는 백내장 수술을 받은 이후부터 눈에 작은 먼지 같은 게 돌아다니는 것 같더라고요. 극심한 이물감 때문에 안과를 계속 다녔는데, 효과가 없었어요. 눈이 쑤시고, 앞을 보면 뿌옇게 보이고, 햇빛이 강하거나 화창한 날에는 선글라스를 쓰지 않고는 외출하는 것이 힘들 정도로 눈부심이 심했죠.

버스 광고를 통해 한의원에서도 눈 문제를 치료한다는 사실을 알게 되었어요. 오늘로 제가 치료를 시작한 게 꼭 40일이 되네요. 한약 복용과 함께 침치료를 꾸준히 받아오고 있는데, 무엇보다 눈을 쑤시는 것 같은 고통이 사라졌다는 게 기뻐요. 눈이 자꾸 쑤시고 아프다보니 피로감이 많았는데, 눈피로로 인한 만성피로까지 절반 정도 가셨다는 느낌을 받고 있고요.

선글라스가 없으면 생활이 어려웠는데, 지금은 선글라스의 도움 없이도 눈부심이 줄어들어서 많이 괜찮아졌어요. 그래도 바람이 불면 시림이 좀 있고, 혹시나 눈에 해로운 이물질이 바람을 통해 눈에 들어갈까 봐서 눈 보호 차원에서 선글라스를 착용하고 있답니다. 전체 치료가 100%라면, 현재 저의 상태는 40~50% 정도는 나은 것 같아요.

5장

눈
건강을
되찾으면
인생이
바뀐다

마음의 건강이 곧 눈의 건강이다.

사람의 아들아!
네 마음의 기쁨 속에서 즐거워하여라. 그래야 네가 나를 만나 내 아름다움을
되비출 사람답게 되느니라.

눈이 좋아지면
뇌도 좋아진다

"눈이 좋아지면 뇌도 좋아져 집중력도 향상되고, 운동능력
도 향상되며 피부도 좋아지고 온 몸이 건강해진다."

사람은 다섯 가지 외면적인 힘, 즉 시력을 포함해 육체적인 오감
을 가지고 있으면서 동시에 인간의 정신, 즉 이성적 영혼이라는 내면
적인 힘도 가지고 있는 특별한 존재이다. 이 이성적 영혼은 뇌와 긴
밀한 관계를 맺고 있다 이 내면적 힘에는 사물을 상상하는 상상력,
실체를 곰곰이 생각하는 사고력, 실체를 이해하는 이해력, 상상하고
생각하며 이해한 것을 무엇이든지 기억해두는 기억력이 있다. 다섯
가지 외면적인 힘과 내면적인 힘의 중개자는 서로 공통적으로 가지

고 있는 감각인데, 즉 그것은 외면적인 힘과 내면적인 힘 사이에 작용하여 외면적인 힘이 식별한 것은 무엇이든지 내면적인 힘에 전달한다. 그것은 공통 기능이라 부를 수 있는데, 외면적인 힘과 내면적인 힘 사이를 통신하며, 두 힘에 공통적으로 작동되기 때문이다. 예를 들어 시력은 외면적인 힘의 하나인데, 이 꽃을 보고 지각하여 이 지각을 상상력에 전하여, 이 영상을 마음에 형성한 다음 사고력에 전달하면 사고력은 곰곰이 생각한 후 그 실체를 파악하여 이해력에 전달한다. 이해력은 그것을 이해한 후 지각한 사물의 영상을 기억력에 전달하며, 기억력은 그 저장소에 전달된 영상을 저장한다.

눈이 좋아진다는 것은 뇌도 그만큼 좋아진다는 것을 의미하기도 한다. 우리가 사물을 눈으로 본다는 것은 각막과 수정체를 통과해 들어온 정보가 시신경을 거쳐 대뇌에 전달되고. 뇌외 연계된 정신에서 영상화되었을 때 비로소 '보았다'고 인식하게 되는 것으로 눈과 뇌 그리고 정신의 작용이 동시에 이루어진 결과인 것이다. 눈 세포에 산소와 영양분 공급이 원활해진 상황 속에 시력 과정으로 인한 모든 정보가 완벽하고 확실하다면 이 모든 정보 자극은 뇌에 제대로 잘 전달되게 될 것이고, 집중력과 같은 두뇌 능력 또한 건강하게 작동되도록 만들어줄 것이다.

특히 10세 미만의 어린 나이일수록 이런 경향이 두드러지기 때문에 어린 성장기의 아이일수록 건강한 시력 관리는 매우 중요한 것이다. 시력은 눈의 기능만으로 결정되지 않고 눈에서 뇌 그리고 우리의 이성적 영혼까지 연계된 종합적인 과정의 산물이다. 시력관리 부족으로 인해 집중력과 기억력, 사고력, 이해력의 감퇴가 발생할 수 있고, 결과적으로는 학업에까지 심대한 영향을 끼치게 된다. 만약 내 아이가 학업 성적이 향상되고 정상적이고 건강한 집중력과 이해력, 기억력을 가진 사람이 되었으면 한다면 시력 관리에 만전을 기하고, 만약 시력에 문제가 있다면, 가능한 빠른 시간 안에 시력을 개선하도록 도와야 한다. 크기, 형상, 색깔, 형태, 원근 등 시각으로 얻어지는 많은 정보들은 인간의 정신과 연계된 뇌가 상상하고 사유하며 이해하고 기억하여 영상화한 것이므로 눈이 좋아져 시각 기능이 강화된다는 것은 그와 연계되어 있는 정신과 뇌도 건강해진다는 것을 의미하며, 상상력, 사고력, 이해력, 기억력도 강화 된다 것을 의미한다. 즉 건강한 몸에 건강한 마음과 정신이 깃들고, 건강한 정신과 마음에는 건강한 몸이 함께하게 되는 것이다.

눈이 건강해지면 운동 능력이 향상될 수 있다. 축구, 농구, 배구, 야구, 테니스 등 모든 종류의 스포츠에서의 실력은 시력과 깊은 연관성을 지니고 있다. 시력에는 정지시력, 동체 시력, 정적 입체 시력, 동적 입체 시력과 '대비감도'라 하여 명암을 구분하고, '시각 반응'이라

하여 순간적인 영상을 기억하는 등 여러 종류의 시력을 가지고 있기 때문이다. 우리가 본다는 것은 앞에서 언급한 것처럼 '뇌를 사용해 본다'는 의미이기도 하므로 시력이 좋아지면 사고력, 이해력, 기억력 등이 향상되어 학습 능력뿐만 아니라 운동 능력도 향상시키며, 삶 속에서 반영될 수 있는 거의 모든 분야에 그 영향력은 심대하다 하겠다.

눈이 건강해지면 뇌도 건강해지고, 뇌가 좋아지면 우리 인체 내의 오장육부뿐만 아니라 근육, 골격, 피부 등 우리 인체 전반이 좋아지게 된다. 눈빛도 살아 있고, 생기도 넘치게 되며, 온 몸의 혈액 순환도 원활하게 진행되고 있기 때문에 인체 내 모든 조직과 기관이 그리고 이것을 구성하는 기본 단위인 모든 세포들이 혈액을 통해 산소와 영양분 공급이 적절하게 이루어지게 되므로 건강한 근육, 건강한 골격을 유지하며, 모든 여성들이 원하는 건강한 피부도 갖게 되는 것이다.

눈 건강은
곧 몸이 건강하다는 것

"눈이 건강하다는 것은 산소와 영양분이 눈의 혈관의 혈액
을 통해 원활하게 공급되고 있다는 것을 의미한다."

우리 몸은 이목구비에서부터 오장육부, 근육, 혈, 살, 피부, 골격
등에 이르기 까지 모두 세포로 구성되어 있다. 이 세포들은 한 순간
도 쉬지 않고 산소와 영양분을 혈관의 혈액을 통해 공급받고 있다.
적절한 수준으로 건강하게 산소와 영양분을 공급받으면 우리의 모든
세포들은 아무 이상 없이 건강하게 자신이 처한 조직과 기관에서 정
상적인 기능을 발휘하며 살 수 있는 것이다.

만약 정신적인 스트레스나 지나친 과로, 외부 손상, 기타 질병의

상황에 우리 몸의 어떤 구조물이나 기관, 조직들이 노출된다면, 결국 그 기관, 조직들을 구성하는 기본 단위인 세포에 노출된다는 것을 의미하고, 그런 상황 하에서는 정상적인 적절한 산소와 영양분을 혈관의 혈액을 통해 공급받지 못함을 의미하는 것이다.

이런 이치 때문에 눈이 건강하다는 것은 눈의 작은 혈관들의 혈액을 통해 모든 눈 세포들에게 산소와 영양분 공급이 원활하게 이루어지고 있음을 뜻한다. 만약 눈이 병적 환경에 노출된다는 것은 눈과 눈 주변의 혈액 순환 상태가 원활치 못하며, 눈의 혈관의 혈액을 통해 산소와 영양분 공급이 정상적으로 이루어지지 않고 있음을 의미하는 것이다. 이런 상황 속에 눈을 건강하게 만들기 위해서는 무엇보다도 먼저 눈과 눈 주변의 혈액 순환 개선이 관건일 수밖에 없다. 눈의 혈류가 개선되어 정상이 되면 눈의 세포들에게 정상적인 건강한 산소 영양분을 공급하게 됨으로 눈은 정상적인 기능을 수행하게 되는 것이다.

요즘 현대인들에게 연간 엄청난 증가율을 보이고 있는 것이 라식. 라섹 수술이다. 그러나 수술 후에 잠깐 괜찮던 눈이 곧 바로 퇴행하기 시작하여 수술 효과가 없어지거나, 다시 치료하기 어렵게 되는 경우를 보면, 일상생활을 편하게 하기 위해, 안경을 쓰는 불편감을 개선하기 위한 수단의 하나로 라식과 라섹 수술을 선택, 시도해볼 수 있지만 어떤 상황의 시술이던 간에 눈의 혈액 순환 개선으로 눈을 건강하게 만든 후에 시도해보라고 권유하고 싶다.

예를 들어 각막과 수정체가 눈의 혈액 순환 부전으로 산소와 영양분 공급이 부족하게 된 상황 속에서 탄력을 잃은 경우라면, 무리하게 라식이나 라섹 수술 등으로 굴절률을 맞추는 시술을 한다고 해서 해결되지 않는다. 이는 잠깐은 모르지만, 근본적으로 근시의 원인을 해소할 수는 없기 때문이다. 무엇보다 중요한 점은 산소와 영양분 공급이 눈의 모든 혈관의 혈액을 통해 정상적으로 원활하게 진행되어야 한다는 점이다. 이와 같은 정상적인 상황 하에서의 라식 라섹 수술은 그 만큼 수술 효과도 높일 뿐만 아니라. 수술 후 경과에 있어서도 좋은 예후를 반영할 것이기 때문이다.

육안의 건강은
곧 영안의 건강

"눈이 건강하면 마음과 정신도 건강해진다."

눈이 건강하다는 것은 그 사람의 몸과 정신이 건강함을 의미한다. 이 세상의 모든 것은 연계되어 있다. 시각, 청각, 후각, 미각, 촉각과 같은 오감의 능력 중 특히 중요한 시각과 연계되어 있는 것이 우리의 눈인데, 이러한 눈이 건강하다는 것은 우리 인체 조직 기관 중 가장 중요하다고 표현할 수 있는 뇌가 건강하다는 것을 의미하며, 뇌가 건강하다는 것은 곧 뇌의 주관하에 있는 전체 몸이 건강함을 의미한다. 몸이 건강하려면 항상 마음과 정신을 건강하게 유지해야 한다. 또한 마음과 정신이 건강하면 몸이 건강해진다.

우리에게는 두 개의 눈이 있다고 한다. 하나는 사물을 바라볼 때 사용하는 물질적인 눈인 육안이요, 다른 하나는 내면의 가치와 아름다움을 바라볼 때 사용하는 정신적인 눈인 영안이다.

깨끗한 육안을 가지고 있는 사람에게는 맑은 영안이 깃든다는 것이 당연한 것처럼 맑은 영안을 가진 사람이 깨끗한 육안을 가진다는 것 또한 자연스런 일이다. 맑은 영안을 가진 사람들은 이 세상의 복잡다단한 삶 속에서 대체로 이기적인 눈과 부정적인 눈을 사용하며 사는 사람들과는 달리, 분노의 상황. 전쟁의 상황. 무지의 상황을 만나더라도 긍정의 눈을 사용하는 패러다임을 가지고 있는 것이다.

예를 들어 분노한 사람을 만나면 즉각적인 분노로 맞대응을 하는 것이 아니라, 반응함에 있어 시간을 가지고 차분히 침잠한 가운데 그 사람의 분노가 왜 오게 되었는지를 살피고, 그 사람을 이해하며, 관용과 사랑의 마음으로 그 사람에게 반응하므로, 분노의 악순환의 고리가 끊어지게 되는 것이다.

또한 무지한 아이와 같은 사람을 만날 경우, 상대방을 무시하고 경원시하는 반응을 보이는 것이 아니라, 맑은 영안을 가지고 있는 사람은 미래를 볼줄 아는 깨어있는 영안을 가지고 있다. 상대방이 현재는 모르고 있지만 조만간 시간이 지난 후에는 지식을 가진 사람이 될 것으로 여기고 미리 지식을 가진 이로 대하는 긍정과 관용의 패러다임을 가지고 있는 것이다. 그래서 맑은 영안을 뜨게 되면 분노 속에 사랑을 보고, 전쟁 속에 평화를 보며, 무지 속에서는 지식을 보고, 지식 속에서는 지혜를 보는 절대 긍정의 눈을 가지게 되므로 그 사람의 스트레스 반응치는 낮아질 수밖에 없는 것이다.

이처럼 영안이 맑은 영혼의 눈은 미래를 볼줄 아는 내면의 눈을 가지고 삶을 살아가게 되고, 자신의 정신세계를 끝없이 확장하고 맑아지게 하며, 집착과 애착으로 꾸며진 이 삶의 세계를 초탈과 초연의 관점에서 보려는 노력을 견지하게 된다.

이런 노력 속에 마침내 법안을 뜨게 되면 전쟁과 평화가 곧 하나며, 분노와 사랑이 둘이 아니고, 무지와 지식, 지식과 지혜가 하나라는 사자성어 새옹지마 속에 등장하는 변방의 노인과 같은 초탈자의 눈을 뜨게 된다.

영안이 뜨이는 시점이 초탈자가 되기 위한 노력의 자리라면, 법안이 뜨인 상태는 이미 초탈자로서 삶을 보고, 매 순간 삶 속에서 초탈의 삶을 구현하고 있을 따름이다.

이렇게 초탈자가 되고 나면 더욱 더 진보 발전한 삶의 상태를 체험하게 되고, 현실의 삶에서 일어나는 모든 일을 경험하고 반응함에 있어, 그 반응하는 주체로서 사물이나 상황을 있는 그대로 보며, 이

외부 자극을 굳이 축소하거나 확장 하려하지 않고 초탈자의 자세를
견지하는 것이다.

명상으로
눈을 건강하게 할 수 있다

"눈이 건강해지면 감정의 흐름도 맑아진다. 지속적인 맑은 감정을 갖기 위해서는 규칙적인 명상을 해야 하고, 명상을 하면 또한 눈이 건강해진다."

눈이 피로하면 온 몸이 피로하고 악순환의 고리가 작동되어 온 마음과 정신도 피로해지며, 눈이 건강하면 온 몸이 건강해지고 선순환의 고리가 작동되어, 전술한 것처럼 마음과 정신이 다 건강해진다. 눈이 건강하면 연계되어 있는 온 몸, 즉 오장육부와 근육, 골격, 피부까지도 건강해지고 맑아지며, 얼굴도 맑아지고, 감정의 흐름도 맑아지며, 모든 것이 맑아지는 선순환 상황 속에 있게 되는 것이다.

감정의 흐름에는 두 가지가 있다. 하나는 맑은 감정의 흐름이요, 다른 하나는 탁한 감정의 흐름이다. 맑은 감정이란 긍정적인 감정이요, 하나 되는 감정이며, 사랑과 조화의 감정이다. 탁한 감정이란 부정적인 감정이요, 분열과 투쟁을 조장하는 감정이며, 삶 속에서 사랑으로 탈바꿈해 자주 표현되는 소유욕의 감정이다. 한의학에서는 "분노하면 간장을 상한다"고 한다. 앞에서 언급한 것처럼 분열과 투쟁을 조장하는 이기적인 감정이자 부정적인 감정인 분노는 발생하자마자 기가 위로 치솟게 되며, 적정 수준을 벗어나 분노가 누적되면 자신의 간장을 상하게 하며, 간장을 상하게 되면 더욱 더 분노를 자주 표출하게 되어, 악순환의 고리로 작동되는 것이다. 하지만 이 분노의 감정도 적절히 절제된 맑은 기운인 감정인 정의나 공경 등의 감정으로 표출하게 되면 이런 감정의 흐름은 자신의 간장을 더욱 건강하게 만드는 것이다.

우리 눈에는 보이지 않지만 하나의 마음이 생길 때마다 무형의 기운이 유형의 인체에 영향을 미치게 된다. 마음의 작용이 참으로 이상야릇한 것은 어떤 경우에는 질병을 야기하지만 또 어떤 경우에는 육체를 더 건강하게 만들어 준다는데 있다. 질병을 야기하는 마음의 흐름은 대단히 혼탁하다. 오로지 자기 만족을 위한 이기심의 발산으로 기쁨, 화냄, 근심을 내는 경우이다. 반면 육체를 건강하게 만드는 마음의 흐름은 대단히 맑고 깨끗하다.

너와 나, 우리가 진실로 하나가 되는 감정의 발산을 경험할 때 오장육부가 건강하게 된다. 맑고 깨끗한 마음에서는 분노도 정의로 표현되며, 기쁨도 공유하는 기쁨으로 나타난다. 생각, 근심, 두려움도 서로 하나 되는 염려요, 동정이며 존경이자, 경외감으로 표출되는 것이다.

구체적으로 살펴보면 화를 내면 기운이 위로 올라가고(얼굴이 벌개진다), 웃거나 기뻐하면 기운이 흩어지고(힘을 모으려고 해도 모아지지 않는다), 생각을 하면 기운이 맺히고(밥 먹을 때 생각을 하면서 먹으면 잘 체한다), 근심을 하면 기운이 사그라지고(근심이 있는 사람 치고 기운 있는 사람 없다), 공포를 가지면 기운이 내려간다(갑자기 무서운 꼴을 당하면 심장이 철렁 내려앉고 등줄기 위에서 아래로 찬 기운이 확 내려간다).

그런데 모든 병이라는 게 과도하면 문제가 되는 것이다. 시의 적절한 감정의 흐름은 중용에서 벗어나지 않고 너와 내가 하나임을 나타내는 정서적 흐름이지만 지나친 감정의 흐름은 중용에서 벗어난 너와 내가 하나임을 망각한 상태에서 나타나는 정서적 흐름인 것이다. 지나치게 화를 내면 간병이 들고, 자나치게 웃거나 기뻐하면 심병이 나며, 지나치게 생각을 많이 하면 비위병(소화기병)이 생기고,

과도히 근심하면 폐병이 생기며, 지나치게 무서워하면 신장병이 생기는 것이다.

　오지(화냄, 기쁨, 생각, 근심, 공포)의 원인으로 병이 생겼을 때 어떻게 치료할 것인가? 하나는 오행상극이론을 이용하여 감정으로 치료하는 대중치료가 있겠고 다른 하나는 근본적인 치료법으로 정신과 마음을 치료하는 방법이 있겠다. 오행상극이론을 이용한 치료법은 이기적 감정으로 이기적 감정을 치료하는 '이독치독(以毒治毒)'의 방법으로 구체적으로 살펴보면 다음과 같다.

　간은 지에서 화냄이 된다. 화냄은 간을 상한다.
　근심은 화냄을 이긴다.
　심은 지에서 기쁨이 된다. 기쁨은 심을 상한다.
　공포는 기쁨을 이긴다.
　비는 지에서 생각이 된다. 생각은 비를 상한다.
　화냄은 생각을 이긴다.
　폐는 지에서 근심이 된다. 근심은 폐를 상한다.
　기쁨은 근심을 이긴다.
　신은 지에서 공포가 된다. 공포는 신을 상한다.
　생각은 공포를 이긴다.

예를 들어 생활 속에서 지나치게 생각을 많이 하면 기가 울체되어 소화기를 상하게 되는데 분노하게 만들면 울체된 기가 위로 쏟아져 나오므로 이 생각병을 치료할 수 있다는 말이다. 전설적인 한의사였던 화타는 당대의 왕을 화나게 하여 그 왕의 생각병을 치료했다는 고서의 기록이 있다.

당시 왕은 생각이 지나쳐 병이 들었는데 백약이 효과를 내지 못하였다. 전국에서 내로라 하는 의사를 모두 초빙하였지만 누구도 그 왕의 병을 치료하지 못했다. 마지막으로 화타가 궁중에 도착했다. 화타는 왕의 병을 치료할 수는 있으나 병을 치료하려면 왕의 화를 돋울 수밖에 없기 때문에 치료 후에 자신은 죽임을 당할 것이 틀림없으므로 치료할 수 없다고 하였다. 그러자 왕은 치료만 해준다면 결코 그런 일이 없으리라는 약조문서를 써주었고 이를 받고서야 그는 치료에 임하게 되었다. 그런데 치료 약재를 구하러 간 화타가 약속된 기일이 지나도 감감 무소식이었다. 화타를 불러오기 위해 세 번이나 왕자를 보냈으나 그때마다 화타는 온다고 말만 하고는 약속을 어겼다. 겨우 시골 의사 한 놈이 중국의 왕을 업신여긴다고 노기가 치솟을 대로 치솟은 왕은 한 줌의 피를 울컥 토했다. 그때부터 왕은 잠도 잘 자고,

식사도 잘하며 건강해졌다.

바로 이런 치료행위가 감정의 흐름으로 치유하는 형태인 것이다. 근본적인 치료법인 정신과 마음을 치료하는 법이란 명상이라고 할 수 있겠다. 명상이란 단순한 자세에서 비롯되는 것도 아니요 어떤 형식을 뚜렷이 요구하는 것도 아니다. 물론 바른 자세나 바른 형식이 명상에 도움이 된다는 것은 의심의 여지가 없지만 가장 중요한 점은 깊은 묵상이라는 점이다.

바로 정신과 마음을 치료해주는 아름다운 글귀에 대한 깊은 묵상, 단지 머리로만 생각하는 것-정신으로 먹는 상태임-이 아닌 1차적인 머리 생각으로부터 마음으로 각인될 때까지의 깊은 숙고를 말하는 것이다. 우리 육체를 보존하기 위해서 물질적 양식이 필요하듯이 우리의 정신을 보존하기 위해서 정신의 양식이 필요하다.

정신으로 먹는 상태와 마음으로 먹는 상태는 명확히 다르다. 우리가 물질적 양식을 아침, 점심, 저녁으로 쳐다보지만 않고 씹어서 먹듯이 정신적 양식도 쳐다보지만 말고 씹어 먹어야 한다.

정신이 양식을 읽기만 하면 인간의 정신 즉 이성적 영혼(사유력, 기억력, 이해력 등의 힘)이 머리 속에 간직하고는 있겠지만 행동으로까지는 파급되지 못하게 되는 것이다. 정신의 양식을 씹어 먹는다 함은 바로 그 말씀들을 숙고하는 것 즉, 명상하는 것을 의미한다.

많은 구절을 읽는 게 중요한 것이 아니고 아침, 점심, 저녁으로 규칙적으로 한 구절이라도 숙고하고 명상하는 게 중요하다. 물질적 양식을 한 끼 안 먹으면 배고픔을 느끼듯이 정신적 양식도 한 끼를 먹지 않으면 배고픔을 느낄 정도로 우리의 영혼을 각성시켜야 하는 것이다.

물질적 양식을 지나치게 계속 먹지 않아 죽기 일보 직전일 경우 우리의 육체 센서는 정상에서 벗어나 있어 밥을 먹지 못할뿐더러 죽을 주어도 일정 부분 육체가 정상으로 돌아올 때 까지는 죽이 들어왔는지 어떤지를 본인은 자각하지 못하지만 분명히 육체에는 정상 센서로 돌아가는 변화가 있는 것처럼 우리의 영혼의 경우도 이러한 과정을 거칠 것이다.

처음에는 씹어 먹는 것(명상, 깊은 숙고) 자체가 안 될 뿐 아니라 정신의 양식을 취하더라도 지금까지 잘 활용하지 않았던 영혼이 바로 변화가 일어나지 않고 조금씩조금씩 살아나기 작하여 초기에는 우리가 자각하지 못하더라도 마침내, 지금 바로 여기, 순간순간 깨어있을 수 있는 상태에 이를 것이다. 지성의 표적은 명상이요, 명상의 표적은 침묵이며, 명상은 신비의 문을 여는 열쇠다.

명상이란 자기 자신의 영혼과 이야기하는 것이요, 마음과 영혼이

정신을 매개하여 대화하는 것이며, 명상하는 마음 상태에서 자신의
마음에 어떤 문제를 물으면 정신이 대답하니 내적 빛이 뚫고 나와 문
제의 실체가 밝혀지는 것이다.

바른 생활로
건강한 눈을 만들 수 있다

"눈이 건강해진 사람은 균형 잡힌 자세와 식단을 생활화하고 있다."

많은 현대인들이 수많은 스트레스 반응 속에서 위장관이 경직되어 있고, 좋지 않은 구부정한 자세를 가지고 생활하고 있다. 올곧은 바른 자세를 취하면 기도가 제대로 열리게 되고 한 번의 호흡을 할 때마다 450~500cc의 공기를 마실 수 있다 한다. 그러나 많은 사람들이 구부정한 자세로 책상에 앉아 책을 보거나, 모니터를 보며 작업을 진행하다보니 1회에 마실 수 있는 산소가 대폭 줄어들어 500cc의 1/5 정도 밖에 되지 않는다.

이처럼 얕은 호흡의 자세가 지속되면 부족한 산소 때문에 우리 몸의 세포들은 산소를 충분히 공급해 달라고 아우성치게 되고, 그럼 우리 몸은 급한 대로 생명에 중요한 조직과 기관으로 산소를 공급하고 되고, 다른 부분에는 공급을 줄일 수밖에 없는 것은 자명한 이치이다. 이런 공급 부족의 상황 속에 가장 직접적으로 영향을 받는 기관이 바로 눈인 것이다.

특히 성장기의 상황에 있는 아이들의 경우, 이유 없이 눈을 자주 비빈다거나 찡그리고, 책을 너무 가까이서 보려고 한다거나, TV를 볼 때 자꾸 앞으로 다가가는 등, 좋지 않은 자세를 보인다면 주의를 요하는 상황이라고 생각해야 한다. 아이들에게는 모든 변화가 급진전되고, 시력 저하도 더욱 빨리 일어나기 쉽기 때문에 특히 좋지 않은 자세로 생활하는 것은 아무리 빨리 교정해도 빠른 것이 아니다. 그만큼 나쁜 자세가 끼치는 영향이 심대하기 때문이다. 요컨대 지속적인 구부정한 곧지 않은 자세는 나이를 불문하고 시력 약화를 가져올 수 있기 때문에 가급적 스마트폰 사용을 줄이고, 독서를 하거나 모니터를 볼 때는 적정거리인 최소 30cm를 유지하며 허리는 곧추세운 바른 자세를 생활화하도록 해야 한다. 좋은 자세는 시력도 좋게 할 뿐 아니라 우리 몸의 전반에 좋은 영향을 미치게 되기 때문이다.

우리 몸은 수십조 개의 세포로 이루어진 유기체고, 전술한 것처럼 이 세포들은 산소와 영양분을 매 순간 혈관의 혈액을 통해 공급받아야 한다. 하지만 현대인들은 물질적인 부유한 생활 속에서 가공 식품이나 인스턴트 식품은 많이 섭취하고, 야채나 해산물 등에서 섭취할 수 있는 미네랄과 비타민의 섭취는 줄어들게 되어 영양 불균형 상태를 초래하는 경우가 많다.

균형 잡힌 식단으로 부족해진 미네랄과 우리 몸의 효소를 만드는 데 중요한 역할을 하는 비타민을 충분히 공급하여 우리 몸의 효소 활동을 건강하게 해주어야 한다. 현대인들에게 규칙적이고 균형 잡힌 식사의 중요성은 아무리 강조해도 지나치지 않다. 지나친 기호 위주의 식단과 바쁜 일상생활 속에서 불규칙한 식생활 습관은 심각한 영양 불균형을 초래할 수 있으므로 건강의 적이라고 해도 과언은 아니다. 과도하게 단 음식과 과식 습관으로 인해 현대인 성인 둘 중 한 명은 비만, 고혈압, 당뇨병, 고콜레스테롤혈증 중 1개 이상을 앓고 있다고 보고되고 있는 현시점에서 균형 잡힌 식단이라 함은 편식하지 않고 골고루 규칙적으로 먹는 것을 의미하며, 과거 선인들 격언처럼 '소식은 건강의 지름길'임을 명심하고 생활 속에 실천해 나가야 하겠다.

"선생님, 근데 저는 무슨 체질인가요?", "소음인인가요? 태음인 인가요?" 한의원에서 진료를 하다보면 많은 이들이 자신의 체질이 무엇인지 궁금해 한다. 체질 맥도 짚어보고, 오링테스트도 해서 굳이 이야기해달라고 고집하면 한 개의 체질을 이야기해주고는 있지만 체질 식이보다는 골고루 먹으라고 권유한다. 그 이유는 같은 환자에게 의사마다 다른 체질을 언급할 수 있기 때문이다. 어떤 한의사는 태음인이라고 하는가 하면 또 다른 한의사는 소양인, 소음인이라고 할 수 있다. 제대로 체질을 안내 받았다면 다행이지만 만약 잘못된 정보로 인해, 잘못된 식이 습관을 수년간 혹은 수십 년간 생활화한다면 안 하니만 못하기 때문이다. 그래서 나는 그저 "입맛과 속맛을 맞추어 드세요" 할 뿐이다.

입맛이란 먹고 싶은 맛이라면 속맛은 우리 몸속에 들어간 후에 편한 정도를 말하는 것이다. 먹고 싶어서 먹었는데 먹고 나서도 속이 편하고 좋다면 입맛과 속맛이 같이 좋은 것이라고 할 수 있지만 먹고 싶어서 먹었는데 먹고 나서 속이 불편하다면 그 식품은 내 속맛에 좋은 음식이 아닌 것이다. 생활 속에서는 입맛과 속맛이 같은 음식 그리고 입맛은 별로지만 속맛은 좋은 음식을 골고루 편식하지 말고 규칙적으로 먹도록 하자.

우리 눈을 건강하게
만드는 방법

　안질환을 앓고 있는 환자들 중에서 어깨, 목, 안면 근육 등의 결림 증상을 호소하는 이들을 종종 볼 수 있다. 앞서 설명한 것처럼 눈의 이상 증세는 인체 내부 장기의 문제로 발생하는데, 이러한 내부적인 문제들이 근육 경련, 경직, 결림 등의 이상 증세도 함께 유발시키기 때문이다. 눈피로, 안구건조증 환자들의 경우도 예외는 아니다.

　그렇다면 이들 증상들을 개선시킬 수 있는 방법은 없을까? 해답은 의외로 간단하다. 수술이나 약을 복용하지 않고도 이러한 제반 증상을 완화시킬 수 있다. 눈의 피로 및 통증, 눈 떨림 등의 증상을 완화시키는 눈 운동, 마사지, 침, 뜸 등의 치료를 받는다면 근육 결림 등의 증상을 호전시킬 수 있기 때문이다. 생활습관을 바꾸는 것도 방법이다. 일상생활에서 중요한 부분을 차지하는 식습관을 바꾸면 눈을 지금보다 건강하게 만들 수 있다.

눈을 좋아지게 만드는 음식들

감국, 결명자, 구기자 등은 눈에 좋은 음식들로 널리 알려져 있다. 서양의학에서는 비타민 A가 많이 함유된 토마토, 당근, 부추, 시금치, 쑥갓 등의 음식을 섭취하도록 권장하고 있다. 안질환 치료를 위해 인다라한의원을 찾는 환자들에게도 가능한 식습관을 바꾸어 아침 저녁으로 당근이나 토마토를 갈아 만든 주스를 마시게 하거나, 비타민A, 베타카로틴이 많이 함유된 녹황색 채소류를 섭취할 것을 권하고 있다.

감국(甘菊). 국화과에 속한 다년생 초본인 국화 및 산국화의 두상화뢰(頭狀花蕾)이다. 백국화, 야국화, 황국화의 3종이 있으며 모두 약용한다. 소산풍열의 작용이 있어서 오한, 발열, 머리가 어지럽거나 눈이 아플 때 사용하면 좋으며, 청간명목의 작용이 있어서 풍열 혹은 간화로 인한 눈이 충혈되고 붓고 아플 때 사용하면 효능이 탁월하다. 또 평간양의 효능이 있어서 간양항성으로 인한 머리와 눈이 어지럽거나, 두통 눈충혈, 등의 증을 다스리기도 한다. 또 고혈압에는 차대용으로 복용하거나 결명자를 배합해서 응용한다. 단 배가 차고 기운이 떨어진 경우와 식욕이 떨어지며 설사하는 사람에게는 소량만 주의해서 복용토록 한다.

결명자(決明子). 콩과에 속한 일년생 초본인 초결명의 성숙한 종자인 결명자는 이름처럼 눈을 밝고(明) 트이게(決) 만드는 효능을 가지고 있다. 즉, 청간익신하고 거풍명목하며 강압통변의 효능이 있다. 한방에서는 이 결명자가 간장과 신장에 이롭고, 숙취 해소에 좋으며, 눈병에 효력이 있다고 보고 있다. 따라서 세간에서는 이러한 결명자를 차로 우려내어 마시는 것이 우리의 눈을 좋아지게 만드는 하나의 방법으로 여기고 있는 것이다. 결명자차는 컴퓨터 모니터의 장시간 사용, 스마트폰, 독서 등으로 눈에 피로가 찾아온 이들에게 좋으며, 변비에도 효과가 있다.

특히 눈을 밝게 만드는 결명자의 효능은, 결명자 안에 들어있는 '베타카로틴(β-carotene)'이란 성분 때문이다. 베타카로틴은 녹황색 채소, 과일, 해조류에 많이 함유되어 있는 성분으로, 인체에 흡수되었을 때 체내에서 비타민A를 생성시킨다. 서양의학에서는 비타민A가 눈의 건강과 매우 밀접한 관련을 맺고 있다고 보고, 눈의 이상 증상을 가진 이들에게 비타민A의 섭취를 권장하고 있다. 또한 이 베타카로틴은 다소 과하게 복용을 하더라도 인체에 아무런 위험을 가져다주지 않는 안전한 성분으로 물 대신 결명자차를 마셔도 괜찮다. 단,

결명자는 혈압을 강하시키는 기능도 가지고 있는 만큼, 혈압이 낮은 사람은 결명자차 복용에 주의를 기울일 필요가 있고 설사하는 사람에게도 금해야 할 약물이다.

결명자는 주로 여름에 왕성한 성장을 보이는 식물로, 좋은 결명자를 고르고 싶다면 따뜻한 지방에서 재배된 결명자를 선택하는 것이 좋다. 직접 결명자를 구입하기 어려운 경우라면 시중에 나와 있는 티백을 활용해보는 것도 방법이다.

구기자(枸杞子). 가지과의 식물인 구기자는 구기자나무의 성숙한 과실로 어린 잎은 절임, 무침 등으로 먹을 수 있고, 이 잎을 건조시켜 차로 우려내 마시기도 한다. 한방에서 보는 구기자는 신(腎, 콩팥)의 자양을 돕고, 폐(肺)를 촉촉하게 만드는 효능과 함께, 간(肝)을 보(補)하고 눈을 밝게 만드는 효능을 가지고 있다. 여기에 갈증을 해소시켜 소갈증에 좋고, 남성 불임에도 효능을 보이는 것으로 알려져 있다. 즉 자보간신의 효능과 익정명목의 효능을 가지고 있다.

구기자가 가지고 있는 간의 세포를 건강하게 만드는 효능은 스트레스로 인한 간 기능의 울체, 간화, 간열 등을 해소시키기 때문에 간과 밀접한 연관이 있는 눈을 건강하게 만들어준다. 또한 구기자는 눈의 피로를 풀어주고 시력 보호에도 도움이 되며, 특히 눈의 미세혈관을 보호하는 기능을 하는 폐타인 성분도 함유하고 있다. 붉은 색을 띠고 벌레가 먹지 않은 것을 고르는 것이 좋으며, 건조한 구기자 잎에 물을 붓고 은근하게 달여 내어 차로 마시는 것이 좋다.

이 밖의 눈에 좋은 음식들이 많다. 특히 눈에 좋은 비타민A와 베타카로틴 등의 성분이 풍부한 녹황색 채소류들과 해조류 등을 섭취하면 눈의 피로 개선 및 눈 건강에 효과를 볼 수 있다. 검은 콩, 두부 등과 같은 콩 종류의 음식, 낙지, 소의 간, 시금치나 당근 등과 같은 녹황색 채소류, 블루베리 등의 음식들이 우리 눈에 좋은 음식들이다.

눈 건강을 위해 의식적으로 눈에 관심을 가져라

가장 먼저 해야 할 일은 바로 우리의 '눈'에 관심을 가지는 것이다. 장시간 눈을 집중시켜 일을 해야 하는 경우라면 눈에 지속적으로 관심을 갖고, 의식적으로 눈을 깜박이며 적어도 한 시간에 10분 정도는 눈에 쌓인 피로를 풀어줄 수 있는 휴식을 갖자. 이 휴식은 거창한 것이 아니다. 컴퓨터의 모니터 화면, 책, 스마트폰 등 당신이 한 시간 정도 집중해서 바라본 대상에서 눈을 떼어 창밖의 먼 곳을 응시한다거나 지긋하게 눈을 감아주는 것 등의 행동들이 바로 눈피로를 해소시키는 휴식의 방법이 되어준다.

눈 건강을 위한 생활수칙

우리의 눈을 건강하고 보호하고, 시력을 증진시킬 수 있는 방법은 의외로 간단하다. 충분한 영양의 공급과 휴식, 그리고 올바른 생활습관이 바로 눈 건강을 유지하는 방법이기 때문이다.

눈 건강을 위한 첫 번째 생활수칙은 올바른 식습관을 갖는 것이다. 어린 아이일 때부터 제대로 된 식습관을 갖추지 못해 편식을 하는 사람들을 종종 만날 수 있다. 이들 중에는 편식 때문에 영양분을 골고루 섭취하지 못해 인체 어느 한 부분의 문제를 갖고 있는 이들도 있다. 좋은 시력뿐만 아니라 몸의 건강을 위해서는 충분한 영양분을 섭취해야 한다. 단 것은 줄이고, 칼슘과 비타민 등이 많이 함유되어 있는 녹황색 채소, 생선, 우유 등의 식품을 섭취하는 것이 좋다.

두 번째 생활수칙은 일찍 자고 일찍 일어나는 것이다. 충분한 수면을 취하는 것은 시력 저하를 예방할 수 있는 방법이다. 간혹 늦은 밤 시간까지 컴퓨터 화면을 들여다보며 일을 하거나, 게임을 하는 사람들이 있는데 이는 우리의 눈이 눈을 감고 있는 시간에 취할 수 있는 충분한 휴식을 방해하는 활동들이다. 건강한 눈을 갖고 싶다면 눈에 무리를 가져다줄 수 있는 행동과 습관을 고칠 필요가 있다.

세 번째 생활수칙은 몸의 피로와 스트레스를 해소할 수 있는 운동을 하는 것이다. 눈을 비롯한 우리 몸의 피로나 스트레스는 가만히 누워 있거나 앉아 있는 행동만으로는 풀 수 없다. 이러한 피로와 스트레스의 해소법 중에는 육체를 피곤하게 만드는 것이 있다. 그러나 심한 운동은 금물이다. 격하게 운동을 하고 땀을 흘려 근육의 긴장 및 이완을 해주는 것보다는 평상시의 걸음걸이보다 조금 더 속도를 높여 빠르게 걷기 운동처럼 몸에 무리가 가지 않는 선에서의 적당한 운동이 좋다.

안구건조증을 예방할 수 있는 생활습관

안구건조 및 눈피로 증상을 예방하고, 해당 증상들을 완화시키는 또 다른 방법으로는 생활습관을 바꾸는 것이 있다. 먼저 의식적으로 자주 눈을 깜박임으로써 안구건조를 예방하고 눈피로를 감소시키는 것이 좋다. 책을 읽거나 컴퓨터 모니터를 들여다볼 때, 스마트폰을 들여다볼 때 의식적으로 눈을 깜박임으로써 눈피로를 감소시키고 눈의 건조함을 예방하는 것이 좋다.

안구건조증을 유발시키는 주된 원인들에 주의를 기울이는 것도 방법이다. 안구건조증의 흔한 원인들은 노화, 관절염, 루프스, 당뇨, 비타민 A 결핍, 눈물샘의 손상, 장기간의 콘택트렌즈 착용, 과도한 눈물 증발, 호르몬 이상, 라식수술, 만성 피로 및 스트레스 등이 있다. 만약 당신이 장기간 콘택트렌즈를 착용해왔다면 수시로 콘택트렌즈의 청결상태를 점검하고, 착용 시간을 줄여주는 것이 좋다.

또한 안구건조증은 환경적인 요인도 무시할 수 없는 질환이기 때문에, 건조한 환경에 노출되지 않도록 유의해야 한다. 연기나 먼지, 강한 햇볕, 바람 등과 같은 환경 현상으로 눈에 과도한 자극이 가해지지 않도록 주의할 필요가 있다.

만약 과도한 눈피로 및 스트레스 상황에 노출되었다면 눈 마사지나 눈 운동을 통해 피로를 해소시키는 것이 좋으며, 우리의 눈에 휴식을 취해주는 것도 안구건조를 예방할 수 있는 방법이다.

6장

3분 만에 눈이 좋아지는 시력 회복 트레이닝

마음의 건강이 곧 눈의 건강이다.

사람의 아들아!
네가 나로부터 멀리 있어서가 아니면 슬퍼하지 마라.
네가 나에게 가까이 다가서고 돌아오고 있어서가 아니면 기뻐하지 마라.

눈 트레이닝으로
시력이 좋아질 수 있다

눈이 좋아지는 시력 회복 트레이닝 방법에는 크게 두 가지가 있다. 하나는 눈 주변 혈자리와 시력 강화에 도움이 되는 혈자리 등 혈자리에 자극을 주는 방법이고, 다른 하나는 눈과 관계되는 근육을 여러 가지 방식으로 스트레칭하는 것이다.

눈 주변 혈자리의 의미와 치료

경혈의 과민점은 통증감이나, 신감 혹은 압통 등으로 알 수 있다. 최초에는 혈 위치에 상관없이 일정한 압통처 만을 대상으로 천응혈, 아시혈이라 명명하며 치료를 시행하였다. 그 후 누적된 반복 경험으로 인해 일반적으로 가장 효과적인 현재의 혈 위치가 정해지게 된 것

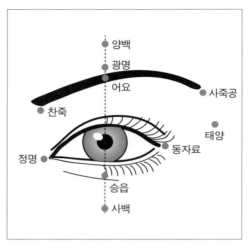

〈눈 주변의 혈자리들〉

이다.

　얼굴 부위의 눈 주변부에 위치하는 경혈들은 양백혈, 찬죽혈, 어요혈, 사죽공혈, 광명혈, 정명혈, 승읍혈, 동자료혈, 태양혈, 사백혈 등이 있다. 그 외에도 시력 회복과 강화에 도움이 되는 혈자리는 예풍혈, 풍지혈, 합곡혈, 곡지혈, 태충혈 등이 있다. 아래에 그 혈자리와 그 혈자리의 효능을 실어 놓으니 참조하기 바란다. 더불어 비록 정확한 혈자리가 아니더라도 그 효과에는 큰 차이가 없으니 자리를 잡느라 너무 스트레스 받을 필요는 없다 하겠다. 또한 전문가가 아닐 경우 절대 침을 놓아서는 안 된다.

양백혈. 족소양담경에 소속된 경혈이며, 위치는 미릉골 중앙 위로 1촌 위치이고, 눈동자를 정면으로 똑바로 직시한 상태에서 동자의 직상에서 혈자리를 취한다. 눈병 일체, 안면 경련, 야맹증, 3차 신경통, 각막염, 안검 경련, 눈의 어지럼증, 두통, 항강증, 안검하수 등 기타 두면경항부 일체 증상과 침 마취혈로 사용하는 혈자리이다.

찬죽혈. 족태양방광경에 소속된 경혈이며, 정명혈 직상 눈썹 안쪽 끝 함몰처에 혈자리를 취한다. 눈병 일체, 두통, 어지럼증, 결막염, 안정피로, 백내장, 눈물흘림증, 안면신경통, 코피, 눈충혈, 시각 불명료함, 안검 떨림, 항강증, 소아 경증, 축농증 등에 사용하는 혈자리이다.

어요혈. 물고기 허리 모양으로 눈썹 중간에 함몰처에 혈자리를 취한다. 12경에 소속되지 않은 경외기혈로 효과가 좋은 혈자리이다. 눈충혈과 눈이 붓고 아플 때, 눈앞에 막이 하나 있는 느낌일 때, 안검하수, 안검경련 등에 사용한다.

사죽공혈. 수소양삼초경에 소속된 경혈이며, 눈썹 바깥쪽 끝 함몰처에 혈자리를 취한다. 눈병 일체, 삼차신경통, 두통, 눈의 어지럼증, 누선염, 눈물흘림증, 눈충혈, 불명한 시력, 눈썹이 눈을 찌름, 발광하고 거품 배출시, 두통과 편두통, 신경성 두통, 뇌출혈, 안면신경마비,

치통 등에 사용하는 혈자리이다.

광명혈. 양백혈 직하 1촌 어요혈 직상 눈썹 바로 위에 있는 함몰 처에 혈자리를 취한다. 눈충혈과 눈이 붓고 아플 때, 안검하수, 안검 경련 등에 사용한다.

정명혈. 눈 내자와 코 뿌리 간의 중간 함몰처에 혈자리를 취한다. 눈병 일체, 두통, 눈의 어지럼증 눈 내자 충혈통증, 백내장, 원시, 야 맹증, 바람 쐬면 눈물흘림증, 각막염, 색맹, 눈물관 막힘, 시신경염, 침 마취혈로 사용하는 혈자리이다.

승읍혈. 족양명위경에 소속된 경혈이며, 눈동자를 정면으로 똑바 로 직시한 상태에서 동자의 직하 7분 위치에서 혈자리를 취한다. 눈 충혈 되면서 통증, 근시, 구안와사, 야맹증, 바람 쐬면 눈물흘림증, 각 막염, 눈가려움증, 시신경위축, 망막염, 색소변성증 등에 사용하는 혈 자리이다.

동자료혈. 족소양담경에 소속된 경혈이며, 눈 외자의 외측 5분 함 몰처에 혈자리를 취한다. 눈병 일체, 눈이 가렵고 한 꺼풀 막이 낀 듯 한 증상, 두통, 각막염, 결막염, 야맹증, 시신경위축, 목구멍 아플 때 등에 사용하는 혈자리이다.

태양혈. 경외기혈로 사죽공혈 후상방이며, 미릉골 후 1촌에 위치한 함몰처에 혈자리를 취한다. 눈병 일체, 편두통과 일체의 두통, 머리 무거움증, 머리 어지럼증, 뇌충혈, 중풍, 갑자기 쓰러짐, 정신혼미와 인사불성, 눈충혈, 안면신경마비, 감기 등에 사용하는 혈자리이다.

사백혈. 족양명위경에 소속된 경혈이며, 승읍혈 하 3분, 즉 눈동자를 정면으로 똑바로 직시한 상태에서 동자의 직하 1촌 위치에서 혈자리를 취한다. 눈병 일체, 두통, 삼차신경통, 안면신경마비, 눈 충혈되면서 통증, 어지럼증, 각막염 등에 사용하는 혈자리이다.

예풍혈. 족소양담경에 소속된 경혈로 귓볼 바로 뒤에 움푹 들어간 위치한 함몰처에 혈자리를 취한다. 자극해주면 근시, 원시와 난시에도 좋고, 편두통, 이명, 중이염, 안면신경마비, 치통, 구안와사, 중풍 반신불수, 이하선염, 상지 마비와 통증 등에 사용한다.

풍지혈. 귓볼 바로 뒤 딱딱하고 툭 튀어나온 부분인 완골혈과 목뼈가 시작되는 점인 천주혈 사이의 중간지점의 함몰처에 혈자리를

풍지혈　　　예풍혈

〈예풍혈, 풍지혈〉

취한다. 눈의 어지럼증, 눈물흘림증, 불명한 눈, 편두통, 축농증, 항강증, 허리 등 통증, 일체 뇌질환, 이명, 귀에서 농이 나올 때, 중풍으로 인한 상지 하지 불수, 고혈압, 두면 경항부 통증, 불면, 중풍으로 말을 못할 때 등에 사용한다.

　　곡지혈. 수양명대장경에 소속된 경혈로, 팔꿈치를 직각으로 구부렸을 때 팔꿈치 쪽으로 주름이 생기는데 그 주름의 외측 끝부분의 함몰처에 혈자리를 취한다. 근시 원시와 난시에도 좋은 효과를 보일 수 있으며, 일체 눈병과 눈 충혈 되며 통증, 중풍, 반신불수, 치통, 두통, 견배통, 상지관절통, 고혈압, 고열이 나며 두드러기가 날 때, 빈혈, 갑상선종, 무월경, 폐렴, 감기 등에 사용한다.

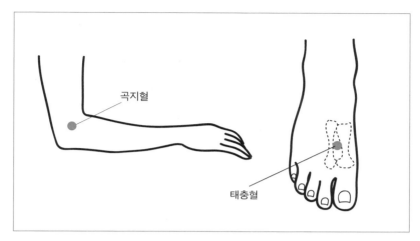

〈곡지혈과 태충혈〉

태충혈. 족궐음간경에 소속된 경혈로, 발등에서 엄지발가락과 둘째 발가락 사이에 위치한 행간혈 상 2촌에 위치한 함몰처에 혈자리를 취한다. 근시 원시와 난시에도 좋은 효과를 보일 수 있으며, 일체 눈병, 간질환, 임질, 간비대, 간경화, 자궁출혈, 유선염, 장염, 두통, 소화불량, 구와, 하지통, 설사, 산후에 땀이 그치지 않을 때, 발이 찰 때 등에 사용한다.

합곡혈. 수양명대장경에 소속된 경혈로, 손등에서 엄지손가락뼈와 둘째 손가락 뼈가 만나는 점에서 손톱 쪽 1촌 아래에 위치한 움푹 파진 곳을 말하는데, 둘째 손가락 쪽에 좀 더 가깝게 움푹 파진 곳을 취한다. 근시 원시와 난시에도 좋은 효과를 보일 수 있으며, 눈병 일

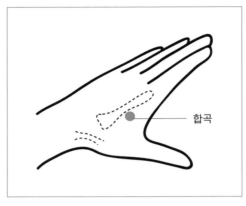

〈합곡혈〉

체와 눈 통증, 혈압항진, 편두통, 두통, 치통, 감기 걸려 갈증 심할 때,
인후통, 반신불수, 중풍, 구안와사, 열병이 나서 땀이 그치지 않을 때,
무월경, 귀에서 농이 날 때 등에 사용한다.

혈자리 자극과
시력을 위한 트레이닝

다음에 소개하는 혈자리 트레이닝은 시력 강화에 도움이 되는 혈자리에 자극을 주는 방법이다. 방법이 상당히 간단하며 생활 속에서 잠시 잠깐 시간을 내어 실시하면 된다. 하지만 그 노력에 비해 효과는 매우 크다 하겠다. 하루에 아침, 저녁으로 두 번, 그리고 피로하다고 느낄 경우에 잠시 시간을 내어 실시하면 된다. 총 5가지로 구성되어 있으며 방법은 숙달되면 5분 안에 모든 트레이닝을 끝낼 수 있으니 5가지 를 모두 연결해서 실시하는 것이 좋겠다. 그렇게 함으로써 우리 몸과 눈에 혈액순환이 원활해지고 산소가 충분히 공급되어 건강에 일익을 담당할 것이라 확신한다.

또한 이어서 눈 주위 근육 스트레칭 트레이닝 2가지와 명암 트레이닝을 소개한다. 눈 역시 신체의 일부로 근육이 튼튼해야 좋은 시력과 건강을 유지할 수 있다. 눈에 관계되는 근육에는 크게 나누어서 3가지가 있다. 첫째, 안구에 들어오는 빛의 양을 조절하는 조리개의 근육인 홍채, 둘째, 안구 전면에 붙어 있는 렌즈-수정체의 두께를 조절하는 근육인 모양체, 셋째, 안구를 상하 좌우 비스듬히 움직이는 근육인 안구이동근이 있다. 이상 3가지의 근육의 기능 저하가 복합적으로 작용하여 시력을 저하시키는 것이다. 따라서 다음에 소개하는 눈 근육 스트레칭 트레이닝을 따라하면 눈 주변 근육이 강화되고 시력은 반드시 좋아질 것이다.

• 가볍게 쓸어주기

둘째 손가락과 셋째 손가락을 붙이고 두 손가락의 손바닥 면을 활용해 부드럽고 가볍게 쓸어준다.

❶ 눈을 감고 정명혈에서 동자료혈 방향으로 가볍게 7회 쓴다. 그리고 2초간 관자놀이를 가볍게 누른다.

❷ 눈을 감고 눈과 눈썹 사이 부분을 위와 같은 방향으로 가볍게 7회 쓴다. 그리고 2초간 관자놀이를 가볍게 누른다.

❸ 눈을 감고 눈썹 부분을 위와 같은 방향으로 가볍게 7회 쓴다. 그리고 2초간 관자놀이를 가볍게 누른다.

❹ 눈을 감고 눈썹 윗부분을 위와 같은 방향으로 가볍게 7회 쓴다. 그리고 2초간 관자놀이를 가볍게 누른다.

❺ 눈을 감고 안와 부분을 위와 같은 방향으로 가볍게 7회 쓴다. 그리고 2초간 관자놀이를 가볍게 누른다.

❻ 눈을 감고 안와 아래 부분을 위와 같은 방향으로 가볍게 7회 쓴다. 그리고 2초간 관자놀이를 가볍게 누른다.

❼ 눈을 감고 안와 아래의 아래 부분을 위와 같은 방향으로 가볍게 7회 쓴다. 그리고 2초간 관자놀이를 가볍게 누른다.

• 가볍게 치기

둘째 손가락과 셋째, 넷째, 다섯째 손가락을 붙이고 손가락 끝으로 가볍게 치면서 타격한다.

❶ 눈을 감고 정명혈에서 동자료혈 방향으로 가볍게 7회 타격한다. 그리고 2초간 관자놀이를 가볍게 누른다.

❷ 눈을 감고 눈과 눈썹 사이 부분을 위와 같은 방향으로 가볍게 7회 타격한다. 그리고 2초간 관자놀이를 가볍게 누른다.

❸ 눈을 감고 눈썹 부분을 위와 같은 방향으로 가볍게 7회 타격한다. 그리고 2초간 관자놀이를 가볍게 누른다.

❹ 눈을 감고 눈썹 윗부분을 위와 같은 방향으로 가볍게 7회 타격한다. 그리고 2초간 관자놀이를 가볍게 누른다.

❺ 눈을 감고 안와 부분을 위와 같은 방향으로 가볍게 7회 타격한다. 그리고 2초간 관자놀이를 가볍게 누른다.

❻ 눈을 감고 안와 아래 부분을 위와 같은 방향으로 가볍게 7회 타격한다. 그리고 2초간 관자놀이를 가볍게 누른다.

❼ 눈을 감고 안와 아래의 아래 부분을 위와 같은 방향으로 가볍게 7회 타격한다. 그리고 2초간 관자놀이를 가볍게 누른다.

• 가볍게 흔들 듯 밀고 당기기

셋째 손가락의 끝 부분을 각각의 혈자리에 놓은 채 5초간 가볍게 흔들 듯 밀고 당겨 자극을 주는 방법이다. 이때 혈자리는 앞에서 설명한 혈자리를 의미한다.
양백혈→광명혈→찬죽혈→어요혈→사죽공혈→정명혈→동자료혈→승읍혈→사백혈→태양혈→예풍혈→풍지혈→곡지혈→합곡혈→태충혈 순으로 진행한다.

• 가볍게 눌러 지압하기

셋째 손가락의 끝 부분을 각각의 혈자리에 놓은 채 5초간 가볍게 눌러 지압하며 자극을 주는 방법이다. 이때 혈자리는 앞에서 설명한 혈자리를 의미한다.
양백혈→광명혈→찬죽혈→어요혈→사죽공혈 →정명혈→동자료혈→승읍혈→사백혈→태양혈→예풍혈→풍지혈→곡지혈→합곡혈→태충혈 순으로 진행한다.

• 12경락 오수혈이 포진한 팔꿈치 아래, 무릎 아래 타격하기

주먹을 쥐고서 왼주먹과 오른주먹을 활용하여 12경락 오
수혈이 포진한 팔꿈치 아래와 무릎 아래를 좌우상하 10회
씩 부드럽게 타격하고 손톱과 발톱 끝부분을 마사지 한다.
이는 전신의 혈액순환을 촉진함으로써 눈의 혈액 순환에
도 영향을 미치는 방법이다.

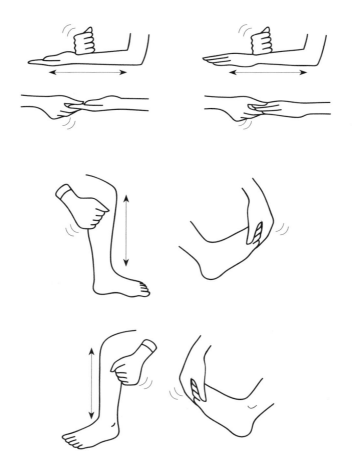

❶ 왼손바닥을 하늘로 향하게 놓은 뒤 팔꿈치 안쪽에서 손목까지 오른 주먹을 쥐고서 왕복 10회 부드럽게 타격한 뒤, 오른손 엄지손가락과 둘째, 셋째 손가락을 활용하여 왼손의 다섯 손가락 끝을 잡고서 흔들 듯 압박하며 마사지 한다.

❷ 왼손바닥을 바닥을 향하게 놓은 뒤 팔꿈치 바깥쪽에서 손목까지 오른 주먹을 쥐고서 왕복 10회 부드럽게 타격한 뒤, 오른손 엄지손가락과 둘째, 셋째 손가락을 활용하여 왼손의 다섯 손가락 끝을 잡고서 흔들 듯 압박하며 마사지 한다.

❸ 오른손을 왼손과 같은 방법으로 마사지 한다.

❹ 왼발의 무릎 안쪽에서 발목까지 오른 주먹을 쥐고서 왕복 10회 부드럽게 타격한 뒤, 오른손 엄지손가락과 둘째, 셋째 손가락을 활용하여 왼쪽 다섯 발가락 끝을 잡고서 흔들 듯 압박하며 마사지 한다.

❺ 왼발의 무릎 바깥쪽에서 발목까지 왼 주먹을 쥐고서 왕복 10회 부드럽게 타격한 뒤, 오른손 엄지손가락과 둘째, 셋째 손가락을 활용하여 왼쪽 다섯 발가락 끝을 잡고서 흔들 듯 압박하며 마사지 한다.

❻ 오른발을 왼발과 같은 방법으로 마사지 한다.

• 눈 원근 트레이닝

매일 아침 점심 저녁 1분씩 시행

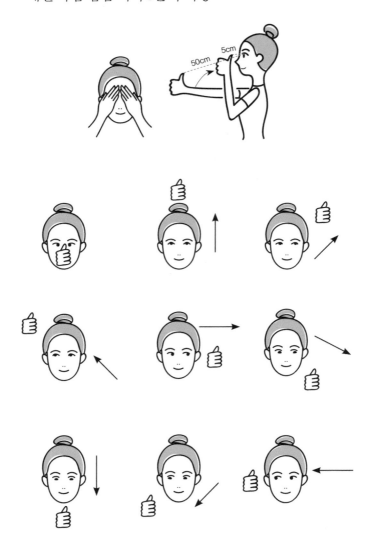

❶ 양 손바닥을 15초 정도 비벼 따뜻하게 만들어 손바닥 중앙(노궁혈)을 눈에 갖다 댄다.

❷ 오른손을 정면으로 쭉 뻗어 엄지손톱을 50cm의 거리에서 응시했다가 5cm거리까지 당긴다. 하나, 둘, 셋, 넷을 세면서 엄지손톱을 응시하는 것을 5회 반복한다.

❸ 위쪽으로 오른손을 쭉 뻗어 엄지손톱을 50cm의 거리에서 응시하면서 5cm거리까지 당긴다. 하나, 둘, 셋, 넷을 세면서 엄지손톱을 응시하는 것을 5회 반복한다.

❹ 오른쪽 대각선 위쪽으로 오른손을 쭉 뻗어 엄지손톱을 50cm의 거리에서 응시하면서 5cm거리까지 당긴다. 하나, 둘, 셋, 넷을 세면서 엄지손톱을 응시하는 것을 5회 반복한다.

❺ 오른쪽으로 한계 끝까지 오른손을 쭉 뻗어 엄지손톱을 50cm의 거리에서 응시하면서 5cm거리까지 당긴다. 하나, 둘, 셋, 넷을 세면서 엄지손톱을 응시하는 것을 5회 반복한다.

❻ 오른쪽 대각선 아래쪽으로 한계 끝까지 오른 손을 쭉 뻗어 엄지손톱을 50cm의 거리에서 응시하면서 5cm거리까지 당긴다. 하나, 둘, 셋, 넷 세면서 엄지손톱을 응시하는 것을 5회 반복한다.

❼ 아래쪽으로 오른손을 쭉 뻗어 내려 엄지손톱을 50cm의 거리에서 응시하면서 5cm거리까지 당긴다. 하나, 둘, 셋, 넷 세면서 엄지손톱을 응시하는 것을 5회 반복한다.

❽ 왼쪽 대각선 아래쪽으로 왼손을 쭉 뻗어 내려 엄지손톱을 50cm의 거리에서 응시하면서 5cm거리까지 당긴다. 하나, 둘, 셋, 넷 세면서 엄지손톱을 응시하는 것을 5회 반복한다.

❾ 왼쪽으로 왼손을 쭉 뻗어 엄지손톱을 50cm의 거리에서 응시하면서 5cm거리까지 당긴다. 하나, 둘, 셋, 넷 세면서 엄지손톱을 응시하는 것을 5회 반복한다.

❿ 왼쪽 대각선 위쪽으로 왼손을 쭉 뻗어 엄지손톱을 50cm의 거리에서 응시하면서 5cm거리까지 당긴다. 하나, 둘, 셋, 넷 세면서 엄지손톱을 응시하는 것을 5회 반복한다.

• 눈 방향 트레이닝

매일 아침 점심 저녁 1분씩 시행

❶ 양 손바닥을 15초 정도 비벼 따뜻하게 만들어 눈에 갖다 댄다.

❷ 눈동자를 위로 향하고, 하나, 둘, 셋, 넷을 세고 눈을 한 번 깜박인다.

❸ 눈동자를 아래로 향하고, 하나, 둘, 셋, 넷을 세고 눈을 한 번 깜박인다.

❹ 눈동자를 오른쪽으로 향하고, 하나, 둘, 셋, 넷을 세고 눈을 한 번 깜박인다.

❺ 눈동자를 왼쪽으로 향하고, 하나, 둘, 셋, 넷을 세고 눈을 한 번 깜박인다.

❻ 눈동자를 오른쪽 대각선 위쪽으로 향하고, 하나, 둘, 셋, 넷을 세고 눈을 한 번 깜박인다.

❼ 눈동자를 왼쪽 대각선 위쪽으로 향하고, 하나, 둘, 셋, 넷을 세고 눈을 한 번 깜박인다.

❽ 눈동자를 오른쪽 대각선 아래쪽으로 향하고, 하나, 둘, 셋, 넷을 세고 눈을 한 번 깜박인다.

❾ 눈동자를 왼쪽 대각선 아래쪽으로 향하고, 하나, 둘, 셋, 넷을 세고 눈을 한 번 깜박인다.

• 명암 트레이닝

❶ 형광등에서 10cm 정도 떨어져 빛을 2~4초간 응시한다.

❷ 형광등의 스위치를 끄고 눈을 감는다.

❸ 두 손을 마주 비벼 따뜻해진 상태에서 손바닥 중앙(노궁혈)부로 눈을 덮고 2~4초간 있는다.

❹ 눈을 뜨고 1번~3번을 10회 반복한다.

* 근시, 원시, 난시, 노안의 경우 눈 근육 트레이닝 ①, ②, ③을 충분한 기간 행한다면 상당한 효과를 볼 것이며 소아 근시의 경우 한두 달만 시행해도 큰 효과가 있다.

참고 문헌

『동의보감』 허준, (주)여강출판사

『증맥 · 방약합편』 황도연, 남산당

『신증 방약합편』 황도연, 영림사

『중의임상수책』 도서출판 성보사

『침구치료학』 임종국, 집문당

『한의학 사전』 김현제, 홍원식, 도서출판 성보사

『안과학』 윤동호, 이상욱, 최억, (주)일조각

『천금같은 우리눈 100세까지』 이재범, 이승혁, 김진형, 헬스조선

『평생 가정 건강 가이드(ACP COMPLETE HOME MEDICAL GUIDE)』 (주)이지케어택

『당신의 눈도 1.2가 될 수 있다』 헤럴드 페퍼드, 도서출판 평단

『눈은 1분 만에 좋아진다』 콘노 세이시, 나라원

『5분 눈운동으로 시력 1.0 만들기 프로젝트』 (주)한언

『new eye 닥터 119』 이진학 외, 황금시간

『우리가족 꼭 알아야 할 눈건강 완전정복』 김병진, 이동훈, 중앙생활사

『안구혁명』 김영삼, 부광출판사

『한방으로 끝내는 갱년기 만성피로』 김영삼, 메디칼북스

『질의 응답록』 압돌 바하, 바하이 출판재단

『바하올라의 숨겨진 말씀』 바하올라, 바하이 출판재단

『Reversing Dry Eye Syndrome』 Steven L. Maskin, M.D., Health&Wellness

『보기만 해도 눈이 좋아지는 책』 마츠자키 이사오 저, 홍영의 옮김, 리빙북스

크리에이터/
기획자
필독서

크리에이터의 질문법

윤미현 지음 | 16,000원

**사람들의 마음을 얻은 크리에이티브한 프로그램들은 어떻게 탄생했을까?
대한민국을 울린 휴먼다큐멘터리 PD가 전하는 크리에이터의 생각법, 기획법, 질문법!**

새로운 콘텐츠의 제작 과정은 곧 질문에 대한 답을 찾아가는 과정이다. 질문의 수와 깊이만큼 콘텐츠에 나만의 시각을 담을 수 있고, 시대를 더 진정성 있게 반영하여 대중과 연결할 수 있다. 『크리에이터의 질문법』은 수많은 프로그램을 기획하고 제작해온 저자의 수많은 질문과 답을 담고 있다. 같은 자리만 맴도는 기획에 가로막힌 크리에이터라면, 오랜 세월 쌓은 저자의 내공과 기획법이 반드시 새로운 길을 제시해줄 것이다.

4차 산업혁명
시대 경영자의
필독서

빅데이터 경영 4.0

방병권 지음 | 15,000원

구글, 아마존, 넷플릭스는 어떻게 늘 혁신적인 의사결정을 할까? 밀려오는 4차 산업혁명의 파도, 빅데이터로 경영의 중심을 잡아라!

4차 산업혁명 시대에서 빅데이터를 활용하는 것은 크게 2가지로 나눌 수 있다. 기존의 사업에서 빅데이터를 얻을 수 있는 부분을 찾아 수집하고 활용하여 사업화하는 것과 나에게 필요한 빅데이터를 수집하여 사업에 활용하는 것. 저자는 책에서 후자를 새로운 경영의 핵심이라 말하면서 "현장으로 직접 나가 측정하라"고 조언한다. 4차 산업 혁명은 시작되었다. 우리는 이 대세 흐름에서 벗어날 수 없다. 이 책은 새로운 패러다임 속에서 당황하고 있는 이들에게 해외의 성공 사례는 물론, 국내 사례 사례를 소개하여 실질적인 도움을 줄 것이다.

SNS 마케팅 시리즈

임헌수, 최재혁 지음 l 각 권 16,000원

**카카오스토리, 인스타그램, 네이버, 구글, 유튜브
지금 가장 뜨거운 SNS 채널 마케팅의 모든 것!**

트렌드를
읽는 마케터의
필독서

온라인 마케팅은 날로 발전하는 기술의 변화와 시시각각 변화하는 소비자들의 입맛을 잡기 위해 더욱 치열하게 전개될 것이다. 이 경쟁 속에서 살아남기 위해서는 나의 일방적인 메시지를 전달하는 것이 아니라, 디지털 시대에 걸 맞는 채널로 재가공하여 발신해야 한다. 그렇다면 나의 고객은 어떤 온라인 채널에 있고, 그들은 무슨 이야기를 듣고 싶어 할까? 이 시리즈는 모든 온라인 마케터와 사장들의 질문에 답한다. 전문가가 다년간 축적한 온라인 마케팅 핵심 개념을 초보자의 눈높이에 맞게 설명하고 있으며, 특히 홍보에만 주력할 수 없는 대다수 기업의 현실을 적극 반영하여 최대한 간편하고 쉽게 따라 할 수 있는 방법을 함께 소개하고 있어 매우 실용적이다.

직장인 처세 시리즈

황인태 외 지음 l 각 권 13,800원

**성과 내고 싶은 직장인, 리더에게 인정받고,
팔로워에게 존경받고 싶은 중간 리더들의 필독서!**

직장인
초보 리더의
필독서

평생직장의 개념이 없어지면서 현대의 직장인들이 방황하고 있다. '과연 이 회사에 몸바쳐 일하는 것이 맞을까?', '이 회사에서 얼마나 더 일할 수 있을까?' 헷갈리고 걱정스럽다. 이 시리즈는 '이왕 직장생활을 시작했으니 제대로 한번 해 보자'라고 꿈을 세운 후 회사 생활을 시작하라고 말한다. 어떻게 하면 조직에서 인정받는 핵심인재가 될 수 있을지, 어떻게 하면 성과 내는 중간 리더가 될 수 있을지 궁금하다면, 반드시 이 시리즈를 필독하라!